rororo sport – Schulsport Praxis
Herausgegeben von
Dieter Brodtmann und Knut Dietrich

Mit den Veränderungen der Lebensbedingungen und Lebensgewohnheiten ändern sich auch die Aufgaben des Schulsports. Als Hinführung zu einem erfüllten Bewegungsleben hat er Schülern immer wieder neue, oft verschüttete Zugänge zu Bewegungserfahrungen, Körpererfahrungen und sozialen Erfahrungen in Spiel und Sport zu eröffnen und ihre Handlungsfähigkeiten zu erweitern.
Die Serie *Schulsport Praxis* zeigt Wege, wie der Schulsport seine veränderten und erweiterten Aufgaben erfüllen kann. Sportlehrer aller Schulstufen können sich über neue Perspektiven des Schulsports informieren und finden in zahlreichen Beispielen aus der Praxis des Schulsports Anregungen für ihren Unterricht. Studierende und angehende Sportlehrer erhalten vielfältige theoretische und unterrichtspraktische Hilfen, die ihnen ein pädagogisch begründetes und sachgerechtes Handeln als Sportlehrer ermöglichen. Auch Übungsleiter in außerschulischen Gruppen finden eine Reihe von praktischen Anregungen.
Die in regelmäßiger Folge erscheinenden Bände runden sich zu einer in sich geschlossenen Schulsportbibliothek ab.

Laufen, Springen, Werfen

Günter Frey /
Eberhard Hildenbrandt /
Dietrich Kurz

Rowohlt

Die Serie *Schulsport Praxis* entsteht in Zusammenarbeit mit der Zeitschrift *sportpädagogik* des Erhard Friedrich Verlages, Seelze.

Originalausgabe

Lektorat Burghard König
Redaktion Bernd Gottwald
Umschlagentwurf Werner Rebhuhn (Foto: Wolfgang Temme)
Layout Angelika Weinert
Bildquellennachweis siehe Seite 186
Veröffentlicht im Rowohlt Taschenbuch Verlag GmbH,
Reinbek bei Hamburg, Oktober 1984
Copyright © 1984 by Rowohlt Taschenbuch Verlag GmbH,
Reinbek bei Hamburg
Satz Times (Linotron 202)
Gesamtherstellung Clausen & Bosse, Leck
Printed in Germany
1480 – ISBN 3 499 17616 5

Inhalt

Einleitung 9

Laufen 17

**Das «ABC» des Laufens – vielfältiges Laufen
vor und neben der Leichtathletik** 18
Äußere Bedingungen 18
  Auf und Ab 18 / Böden 20 / Umgebung 20
Laufbewegungen 22
  Richtungen 22 / Geschwindigkeiten 23 /
  Bewegungsmerkmale 25 / Laufkunst-
  stücke 26 / Miteinander 27

Ausdauernd laufen 29
Was jeder Lehrer darüber wissen sollte 29
Unterrichtsideen 32

Laufen und Suchen 36
Organisation: Voraussetzungen 36
Elementaraufgaben 38
Organisation: Posten setzen und beschreiben 40
Grundaufgaben 41

Schnell laufen 46
Sich verbessern 46
Sich erproben und vergleichen 49

Staffeln laufen	53
Stafetten	53
Pendelstaffeln	54
Rundenstaffeln	55
Starten	57
Hochstart	58
Tiefstart	58
Laufen über Hindernisse und Hürden	62
Hindernisse	62
Zur Methodik des Hürdenlaufens	63

Springen 67

Das «ABC» des Springens – vielfältiges Springen vor und neben der Leichtathletik	69
Alte Formen des Springens	69
Einbeiniges und beidbeiniges Springen	71
Hink- und Hüpfspiele 71 / Springen mit und ohne Anlauf 72 / Sprungkombinationen 73 / Hinauf- und Hinunterspringen 74 / Ein Sprungparcours in der Halle 74	
Was jeder Lehrer vom Springen wissen sollte	76
Das Übersetzen	76
Vom Leichten zum Schweren	77
Am Wesentlichen arbeiten	78
Wettkämpfe vorsichtig dosieren	78
Grundschule des Springens	79
Weit springen	80
Was jeder Lehrer vom Weitsprung wissen sollte 80 / Der Hocksprung 82 / Der Schrittweitsprung 83 / Einführung des Hangsprunges 86 / Fehlerbilder und Korrekturen 88	
Mehrfachsprünge	88
Springen mit dem Stab	91
Was jeder Lehrer vom Springen mit dem Stab wissen sollte 91 / Vorbereitungen 92 / Methodischer Aufbau 93	

Hoch springen 98
Was jeder Lehrer vom Hochsprung wissen sollte 99 / Der Schersprung 101 / Der Rollsprung 103 / Der Straddle 105 / Der Flop 107 / Der Hochweitsprung, Weithochsprung 110 / Wettkampfideen 111

Werfen und Stoßen 113

Das «ABC» des Werfens und Stoßens – vielfältiges Werfen und Stoßen vor und neben der Leichtathletik 115
Anlässe, Orte, Geräte 116
   Wann, wo und womit man werfen kann 116 / Flugeigenschaften verschiedener Geräte 116
Bewegungsziele 117
   Genau werfen und stoßen 118 / Kräftig werfen und stoßen 121 / Hoch werfen und stoßen 121 / Weit werfen und stoßen 122
Spielerische Wettkämpfe 122
   Sich vielfätig vergleichen 122 / Ein Risiko eingehen 123 / Sich unmittelbar vergleichen können 124 / Miteinander werfen 125 / Miteinander schleudern 129 / Miteinander stoßen 130

Was jeder Lehrer vom Werfen und Stoßen wissen sollte 130
Bewußte Bewegungsausführung 130
Biomechanische Gesichtspunkte 132
   Kraft und Koordination 132 / Schülergemäße Bewegungsabläufe 135 / Die Wahl der richtigen Geräte 136 / Funktional bedeutsame Phasen 137
Methodische Gesichtspunkte 137
   Lernschritte und Bewegungsanweisungen 137 / Theorie praktisch 138 / Organisation und Sicherheit 138

Grundschule des Werfens und Stoßens 140
Der gerade Wurf 140
   Werfen mit Schlag- und Handball 140 / Werfen mit Gummiring und Gummistab 144 / Werfen mit dem Speer 147
Das Stoßen 155
   Stoßen mit dem Medizinball 155 / Stoßen mit der Kugel 157
Der Drehwurf 165
   Werfen mit dem Schleuderball 165 / Werfen mit dem Diskus 170
Wettkampfideen 174
   Sich erproben und vergleichen 174 / Messen und Organisieren 175

Mehrkampf 179

Die Nähe zur klassischen Disziplin 179
Der Vielseitigkeitsgrad 180
   Disziplin-Mehrkampf 180 / Interner Block-Mehrkampf 181 / Übergreifender Blöcke-Mehrkampf 181
Wahlmöglichkeiten 181
Der Zeitrahmen 182
Mannschafts-Mehrkämpfe 182
Der Wettkampfort 183
Die Wertung 183

Anhang 185

Literaturhinweise 185
Bildquellennachweis 186
Über die Verfasser 187

Einleitung

Warum noch ein Buch zur Leichtathletik?
Es gibt viele gute Lehrbücher zur Leichtathletik. Wer talentierte Jugendliche an die Techniken heranführen möchte, mit denen heute die Weltbesten die Zuschauer begeistern, und wer ein wirksames Training für Leichtathleten gestalten möchte, kann in mehreren Werken zuverlässigen Rat finden (z. B. BAUERSFELD/SCHRÖTER 1979; HERBERT 1980; JONATH/HAAG/KREMPEL 1983; KRUBER 1978; SCHMOLINSKI 1977). Wer Schüler unterrichtet, die in den Kursen der gymnasialen Oberstufe Leichtathletik gewählt haben, findet in zwei Schülerbüchern eine detaillierte Hilfe (FREY 1981; HILLIG/KRAUEL 1979). Für die erste Anleitung von Kindern im Grundschulalter gibt es Bücher, nach denen auch der in der Leichtathletik wenig Versierte einen interessanten Unterricht gestalten kann (KOCH 1979; SCHULZ 1974; VOSS/JONATH 1975). Doch zwischen diesen Bereichen klafft eine Lücke: Wer Schülern nach der Grundschulzeit Erfahrungen mit Leichtathletik vermitteln möchte und dabei auch diejenigen ansprechen will, die kein besonderes Talent für diese Sportart mitbringen, findet bisher nur für das Springen ein Buch, auf das er sich stützen kann (DOMBROWSKI/SCHENK 1982). Alle anderen, die sich ihm empfehlen (z. B. auch KOCH 1976), gehen geradlinig auf die Disziplinen der ‹großen› Leichtathletik zu und führen den, der sich von ihnen leiten läßt, bald zu der Annahme, Leichtathletik sei für die meisten Jugendlichen weder geeignet noch interessant.
Ob Leichtathletik bei fünfzehnjährigen Schülerinnen und Schülern noch beliebt ist, liegt aber nicht so sehr an der Leichtathletik selbst als daran, was man aus ihr macht. Deshalb haben wir dieses Buch geschrieben: Es bietet eine *vielseitige Grundschule des Laufens, Springens und Werfens* in Formen, die zur Leichtathletik hinführen, die aber auch für den sinnvoll und nützlich sind, der kein Leichtathlet werden will. Wir öffnen die Tür zur eigentlichen Leichtathletik, aber wir gehen nicht mehr ganz hindurch.

An wen wendet sich das Buch?
Das Buch ist vor allem für Lehrer in der Schule und für Sportstudenten geschrieben. Die meisten seiner Anregungen eignen sich besonders für die Sekundarstufe I, also für die 10- bis 16jährigen. Für diese Schulstufe bietet das Buch eine umfassende Grundlage – nicht nur für den Unterricht, sondern auch darüber hinaus: für Sportfeste, Landheimaufenthalte, Ausflüge. Daher bietet es sich auch als Arbeitsgrundlage in der Sportlehrerausbildung an, besonders dort, wo die für alle verbindliche Ausbildung in der Leichtathletik nur noch wenige Semesterwochenstunden umfaßt.
Manche Anregungen wird man auch in der Sekundarstufe II aufnehmen können; für die Kurse der Oberstufe mit dem Schwerpunkt Leichtathletik und das Training in Neigungsgruppen reicht das Buch jedoch nicht aus. Es ist auch nicht für Übungsleiter und Trainer im Verein geschrieben. Wer von ihnen jedoch an einer vielseitigen Grundausbildung und nicht nur am schnellen, kurzlebigen Erfolg interessiert ist, wird Hinweise finden, die seine Arbeit bereichern können. Wir haben versucht, das Buch so zu schreiben, daß es auch ohne detaillierte Vorkenntnisse in der Leichtathletik verständlich ist. Der versierte Leichtathlet wird daher manches zu ausführlich beschrieben finden, was ihm mit knappen Andeutungen klar wäre; andere Zusammenhänge dagegen werden ihm zu einfach abgehandelt sein.

Welche Leichtathletik wollen wir?
Der Titel des Buches «Laufen, Springen, Werfen» soll andeuten, daß wir die Leichtathletik in einem weiteren Zusammenhang von Bewegungen sehen, die Menschen zu allen Zeiten und überall gelernt haben. Laufen, Springen und Werfen zu können ist auch heute Grundlage der meisten Sportarten. In der Leichtathletik werden diese Grundformen der Bewegung in besonderer Weise zum Thema: Letztlich geht es darum, unter jeweils festgelegten Bedingungen bestimmte Strecken in möglichst kurzer Zeit zu laufen, möglichst hoch oder weit zu springen, bestimmte Geräte möglichst weit zu werfen. Im Sinne weltweiter Vergleichbarkeit der Leistungen haben sich aus den vielen Möglichkeiten, diese drei Themen zu variieren, nur wenige als Disziplinen der Leichtathletik verfestigt. Für Zuschauer und Athleten beruht gerade auf der Begrenzung der Formen die Faszination dieser Bewegungskunst – für den sportlichen Jedermann aber werden viele Erfahrungen und Werte verschlossen, wenn auch ihm nur diese begrenzte Leichtathletik nahegebracht wird.
Dieses Buch bietet daher eine in zweifacher Hinsicht erweiterte Leichtathletik. Einerseits beschreiben wir viele Varianten über die drei Themen der Leichtathletik, die man in den Wettkampfreglements des Verbandes nicht findet. Andererseits gehen wir über die Themen selbst hinaus, indem wir für das Laufen, Springen und Werfen auch andere Bewegungsziele empfehlen als nur das ‹möglichst schnell›, ‹möglichst hoch› und ‹möglichst weit›.

Die typischen Bewegungsthemen anderer Sportarten holen wir jedoch nicht in die Leichtathletik hinein. So findet man zwar Anregungen für das Springen von erhöhter Absprungstelle, das Hochweit-Springen, das Weitspringen mit dem Stab und verschiedene Mehrfachsprünge – aber keine Hinweise für das beidbeinige Springen mit kunstvollen Bewegungsgestalten: Das lassen wir dem Turnen.

Unter den unzähligen Möglichkeiten, in diesen beiden Richtungen die Leichtathletik zu erweitern, haben wir unter sieben Gesichtspunkten ausgewählt, die am Ende dieser Einleitung skizziert sind. Unsere didaktische Begründung einer Leichtathletik für die Schule ist an anderer Stelle ausführlicher dargestellt (KURZ 1982; FREY 1984).

Wie das Buch aufgebaut ist
Das Buch gliedert sich zunächst nach den drei großen Bereichen der Leichtathletik:
– Laufen,
– Springen,
– Werfen und Stoßen.

Jeder dieser Teile beginnt mit einem «ABC», in dem die Vielfalt der Formen vor und neben der Leichtathletik an Beispielen veranschaulicht wird. Es schließen sich jeweils Kapitel zu den Bewegungsideen leichtathletischer Disziplinen an, die allerdings möglichst in erweiterter Form aufgegriffen werden. Das deuten schon die Überschriften an: «Laufen und Suchen», «Springen mit dem Stab» usw.

Wir wollen keine Stundenbilder geben, sondern bieten inhaltliche Anregungen für den Unterricht und Prinzipien für Vermittlung und Organisation an. Dabei haben wir, um Wiederholungen zu vermeiden, die Schwerpunkte in den drei Teilen unterschiedlich gesetzt: Im Teil «Laufen» sind auch Prinzipien für die Verbesserung von Ausdauer und Schnelligkeit sowie Vorschläge zur Organisation beschrieben. Im Teil «Springen» sind biomechanische Grundlagen und historische Perspektiven betont. Im Teil «Werfen und Stoßen» haben wir die schülergemäße Modifikation der Technik, die Geräteauswahl und das methodische Vorgehen hervorgehoben.

Die Reihenfolge der Darstellung gibt keine Reihenfolge der Behandlung im Unterricht vor. Aufgaben aus den drei Bereichen sollten miteinander immer wieder wechseln. Manche Formen des ABC sind zwar Vorstufen für die Formen der folgenden Kapitel; die Vielfalt des ABC sollte aber auch die Leichtathletik der Fortgeschritteneren immer wieder bereichern.

Was uns besonders wichtig ist
Wir hoffen, daß unsere Vorstellungen einer ‹Leichtathletik für alle› aus den Anregungen deutlich werden, die wir auf den Seiten dieses Buches geben. Dennoch wollen wir die wichtigsten Gesichtspunkte, von denen wir uns bei

der Auswahl unserer Anregungen leiten ließen, in einigen Grundsätzen zusammenfassen. Dies sind zugleich Grundsätze, die bei der Hinführung von Kindern und Jugendlichen zu leichtathletischem Laufen, Springen und Werfen beachtet werden sollten.

Früh vielseitig anfangen!
Viele Lehrbücher zur Leichtathletik sind so aufgebaut, daß sie einen Weg von Spielformen (Vorübungen) über vorbereitende Übungen zu den Zielübungen beschreiben. Das ist grundsätzlich sinnvoll, kann aber so mißverstanden werden: Man wartet, bis eine bestimmte Zielübung, z. B. der Diskuswurf, dem Alter und Entwicklungsstand der Schüler angemessen erscheint, und führt dann einen geschlossenen Lehrgang von den Spielformen bis zum Diskuswurf durch. Meistens bleibt bei diesem Vorgehen der Erfolg aus. Fazit: «Diskuswurf ist zu kompliziert und für die Schule nicht geeignet.»
Wir meinen, daß dieses negative Ergebnis zu vermeiden ist, wenn man die Grundmuster der leichtathletischen Bewegungen frühzeitig, möglichst noch bis zum Ende des Kindesalters, durch vielseitige Übungen prägt. Natürlich können Zehnjährige nicht Diskus werfen, Stabhochspringen oder eine wettkampfgerechte Hürdenbahn durchlaufen. Aber sie können lernen, mit verschiedenen Geräten aus der Drehung zu werfen, mit einem Stab von einem Kasten herunter- oder über einen ‹Graben› hinüberzuspringen, kleine Hindernisse rhythmisch zu überlaufen. Auf den Grundmustern der Bewegung, die sich an solchen Aufgaben bilden, läßt sich aufbauen.
Daher ist es grundsätzlich falsch, wenn die Leichtathletik der Jüngeren zunächst nur aus 50-m-Lauf, Ballwurf und Weitsprung besteht und die schwereren Disziplinen erst später hinzukommen. Gerade ihre Grundmuster sollten früh, aber in vielseitigen entwicklungsgemäßen Aufgaben geprägt werden – dann sind sie später auch nicht so schwer.

Die Themen der Leichtathletik ernst nehmen!
Ausdauernd oder schnell laufen, hoch oder weit springen, weit werfen oder stoßen – das sind die Themen der Leichtathletik. Wir variieren und erweitern sie in diesem Buch, aber nicht so sehr, daß sie unkenntlich werden. Wir wollen aber auch nicht, daß Bewegungsmerkmale von Tiefstart, Laufsprung oder Rückenstoßtechnik der Weltbesten irgendwie nachgemacht und als Kunststücke einstudiert werden, sondern wir wollen, daß die Schüler lernen, wie sie möglichst schnell starten, weit oder hoch springen bzw. weit stoßen können. Wir gehen davon aus, daß die meisten dies auch lernen wollen. Dann sollten sie aber auf individuell angemessene Weise gefördert werden und immer wieder attraktive Gelegenheiten erhalten, ihr Können zu erproben und ihre Fortschritte festzustellen. Das leitet zu den nächsten Grundsätzen über.

Einleitung

Die körperliche Entwicklung beachten!
Können und Leistungsverbesserung im Laufen, Springen und Werfen sind in hohem Maß durch körperliche und konditionelle Voraussetzungen bedingt. Die Voraussetzungen, die für Leistungen in der Leichtathletik entscheidend sind, verbessern sich mit dem körperlichen Wachstum gewissermaßen ‹natürlich› bis zum Ende der Pflichtschulzeit. Auch ohne technische Verbesserung wird man daher in dieser Lebensspanne immer schneller, kommt höher bzw. weiter. Wie stark diese Verbesserungen ausfallen und wie lange sie anhalten, hängt jedoch von der individuellen Förderung ab.
Ob eine bestimmte Technik oder eine Trainingsform sinnvoll ist, muß immer nach dem körperlichen Entwicklungsstand entschieden werden. Was den weltbesten Leichtathleten bekommt, wird sich für Schüler in der Regel nicht eignen, was den sechzehnjährigen Hans weiterbringt, kann beim zehnjährigen Martin Zeitvergeudung sein; was die kleine zwölfjährige Corinna überfordert, ist für ihre gleichaltrige Klassenkameradin Beate vielleicht gerade richtig. Wir versehen daher in diesem Buch vieles, was Leichtathleten selbstverständlich ist, für die Schule mit einem Fragezeichen: den 100-m-Sprint und die Mittelstrecken, das Monopol des Flop, den Laufsprung, die Rückenstoßtechnik und so manche laut Wettkampfbestimmungen für die Jahrgangsstufen vorgeschriebenen Maße und Gewichte. Wir empfehlen in allen Kapiteln auch Technikvarianten, die bei ungünstigen körperlichen Voraussetzungen optimale Leistungen ermöglichen.
Das heißt jedoch nicht, daß ungenügende körperliche, insbesondere konditionelle Voraussetzungen einfach hingenommen werden sollten. Gerade weil konditionelle Faktoren wie Kraft, Schnelligkeit, Ausdauer und auch Beweglichkeit für Leistungen in der Leichtathletik so entscheidend sind und in den verschiedenen Disziplinen so vielseitig gefordert werden, kann eine Ausbildung im Laufen, Springen und Werfen die konditionelle Entwicklung so grundlegend und umfassend fördern wie kaum eine andere Sportart. Leichtathletik kann damit, wenn die technische Schulung nicht einseitig betont wird, in einem umfassenden Sinn gesund sein und Grundlagen für viele andere Sportarten schaffen.
Dieses Buch enthält allerdings keine eigenen Übungen für das leichtathletische Konditionstraining (dazu FREY 1980; GROSSER 1981; JONATH/KREMPEL 1984), aber viele techniknahe Varianten mit breiten Trainingswirkungen. Hinweise, nach welchen Prinzipien eine Verbesserung der konditionellen Voraussetzungen bei Schülern zu gestalten ist, sind an dafür wichtigen Stellen, besonders im Teil «Laufen», zu finden. (Eine übersichtliche Zusammenfassung zum Training im Schulsport bietet HILDENBRANDT 1980.)

Interessante Spiel- und Wettkampfideen suchen!
Schüler sollten immer wieder Möglichkeiten erhalten, ihre Leistungen im Laufen, Springen und Werfen zu überprüfen und zu vergleichen. Eine be-

sonders aufregende Art, wie das geschehen kann, ist der Wettkampf. Wir schätzen den Wettkampf, dürfen jedoch auch hier nicht einfach die Regularien des großen Sports übernehmen. Was dort eingeführt und international üblich ist, kann für Schüler langweilig, deprimierend, unnötig kompliziert oder zu schwierig sein.
Das Buch enthält viele Spiel- und Wettkampfideen, die mit Schülern erprobt wurden. Ob sich eine hier empfohlene Idee bewährt, hängt jedoch immer von den besonderen Voraussetzungen der Lerngruppe ab. Die beschriebenen Formen sind keine Rezepte, sondern Anregungen. Es gibt viele Gesichtspunkte, unter denen jeweils zu prüfen ist, ob sich eine Spiel- oder Wettkampfform für eine Lerngruppe eignet. In der Leichtathletik scheint uns folgendes am wichtigsten: Natürlich müssen Schüler auch lernen zu verlieren; aber Leistungsschwächere dürfen nicht bloßgestellt werden, von vornherein chancenlos sein und auch möglichst nicht frühzeitig ausscheiden. Das Reglement sollte es wahrscheinlich machen, daß der Ausgang möglichst lange offen bleibt und jeder ihn durch seine Leistung noch beeinflussen kann. Aus diesem Grund empfehlen wir besonders viele Mannschaftswettbewerbe und verstärken taktische Elemente mehr, als das in der Leichtathletik sonst üblich ist.

Einfache Umgebungen zum Laufen, Springen und Werfen suchen!
Der Flop kann gefahrlos nur gesprungen werden, wenn die Landung durch einen Sprunghügel aus weichem Material aufgefangen wird. So geht es mit fast allen Disziplinen der Leichtathletik: Sie sind an bestimmte, technisch aufwendige materielle Voraussetzungen gebunden. Im Sinne der internationalen Vergleichbarkeit der Leistungen und aus dem Streben nach Rekorden ist das verständlich. Wir sollten jedoch verhindern, daß bei Schülern das Bild entsteht, leichtathletisches Laufen, Springen und Werfen sei nur in einer Kunstwelt aus Tartanbahnen, Startblöcken, Hürden, Schaumstoffpolstern, Sprunggruben, Stoßkreisen und Wurfsektoren möglich und setze auch immer die genormten Geräte Glasfiberstab, Kugel, Diskus, Speer voraus. Wenn wir erreichen wollen, daß wenigstens einige Elemente der Leichtathletik das Bewegungsleben der Schüler außerhalb von Schule und Verein bereichern, müssen wir immer wieder auch zeigen, in welchen anderen Umgebungen und mit welchen anderen materiellen Voraussetzungen man laufen, springen und werfen kann. Dieser Grundsatz ist von besonderer Bedeutung, wenn Sportanlagen noch geplant oder umgebaut werden können. Attraktive Laufwege, eine Tiefsprunggelegenheit (Rampe) und interessante Wurfziele sollten dann neben der wettkampfgerechten Laufbahn, Sprunggrube und Stoßanlage nicht vergessen werden. Doch auch wenn an der Sportstätte kurzfristig keine wesentlichen Veränderungen möglich sind, bleibt die Suche nach anderen Bewegungsmustern eine wichtige Aufgabe.

Einleitung

Im Teil über das Laufen sind ausführliche Hinweise zur Wahl und Abwechslung der Laufumgebung zu finden. Beim Springen wird besonders die Vielfalt der Bewegungsformen berücksichtigt. Im Teil über das Werfen ist der Gesichtspunkt der Vielfalt der Geräte betont.

Bewegungserlebnisse vermitteln!

Dieses Buch beruht auf der Annahme, daß die Themen der Leichtathletik für Kinder und Jugendliche eine Herausforderung sind: Alle wollen schnell laufen, hoch und weit springen, weit werfen können. Wir sollten dabei jedoch nie vergessen, daß nicht erst das Erleben, etwas zu können, besser geworden zu sein, gewonnen zu haben, den Reiz der Leichtathletik ausmacht. Bewegungen des Laufens, Springens und Werfens können schon aus sich heraus Empfindungen auslösen, die wir als sensationell und lustvoll erleben. Wenn Bewegungen flüssig, rhythmisch, effektvoll, schnell, ökonomisch gelingen, so hat schon das allein seinen Reiz. Oft hängt es jedoch von den äußeren Bedingungen ab, ob Schüler solche Bewegungsempfindungen haben können: Eine Kugel, die so schwer ist, daß sie nur herunterplumpst und nicht fliegt, ein Weitsprung, der so kurz ist, daß ein Flug nicht erlebt wird – das sind keine begeisternden Erfahrungen. Wir empfehlen daher in diesem Buch viele Arrangements, die die typischen Bewegungserlebnisse der Leichtathletik auch schon auf einem niedrigeren Leistungsniveau erlebbar machen: leichtere Wurfgeräte, Sprünge von erhöhter Absprungstelle, Laufen in variantenreicher Umgebung usw. Wir empfehlen aber auch, drei Disziplinen, die besondere Bewegungserlebnisse enthalten, zumindest in ihrer Grundform allen nahezubringen, obwohl sie üblicherweise als zu schwierig gelten: das Laufen über Hürden, das Springen mit dem Stab und das Werfen aus der Drehung.

Anstöße zum Nachdenken geben!

Wenn wir Mädchen und Jungen helfen wollen, im Laufen, Springen und Werfen besser zu werden, müssen wir ihnen auch einige elementare Kenntnisse vermitteln: Auf welche Bewegungsmerkmale kommt es bei den einzelnen Techniken vor allem an – und warum? Welche Muskeln sind an der Bewegung entscheidend beteiligt; wie kann man sie trainieren? Wie verbessert man die Ausdauer? Welche wichtigen Regeln gelten in der Leichtathletik? Welche Fachausdrücke sollte man kennen? Welche Verletzungs- und Schädigungsmöglichkeiten gibt es; wie kann man sie verringern? – Fragen dieser Art stellen sich in jeder Sportart. Ein guter Sportlehrer weiß nicht nur selbst die Antworten und gestaltet seinen Unterricht entsprechend, sondern teilt auch seinen Schülern solche Grundkenntnisse bei geeigneten Gelegenheiten mit.

Wenn man Leichtathletik so vermittelt, wie es dieses Buch empfiehlt, ergeben sich darüber hinaus jedoch weitergehende Fragen, denen der Lehrer gemeinsam mit seinen Schülern bei geeigneten Anlässen nachgehen sollte: Was unterscheidet das Laufen, Springen und Werfen in der Leichtathletik vom Laufen, Springen und Werfen in anderen Sportarten? Welche körperlichen, konditionellen, technischen u. a. Voraussetzungen sind in den einzelnen Disziplinen für die Leistung vor allem entscheidend? Wie kann man die entscheidenden Voraussetzungen wirksam verbessern – und welche Grenzen gibt es dafür? (Wie kommt es z. B., daß nach der Pubertät Mädchen im Durchschnitt ungefähr so weit stoßen wie Jungen, wenn ihre Kugel halb so viel wiegt?) Woran liegt es, daß die Technik der Weltbesten in einigen Disziplinen der Leichtathletik für den durchschnittlichen Schüler kein sinnvolles Bewegungsvorbild ist? Woran liegt es, daß manche der Wettkampfreglements der großen Leichtathletik uns, wenn wir sie übernehmen, vielleicht den Spaß an der Sache verderben können – und was sind für uns vielleicht geeignetere Wettkampfregeln?

Wir empfehlen nicht, Leichtathletik zu theoretisieren; im Kern sollte immer die praktische Auseinandersetzung mit den Aufgaben des Laufens, Springens und Werfens stehen. Aber der Kopf darf dabei sein.

Laufen

Das Laufen gehört zu den *Grundbewegungen*, die Menschen überall und zu allen Zeiten gepflegt haben. Das verleitet zu der Annahme, Laufen sei eine natürliche Bewegung, die irgendwann bei jedem Menschen ‹da ist› und dann reift. Das ist jedoch nicht so: Auch das Laufen muß man lernen, und die Bedingungen, unter denen man es lernt, übt, anwendet und vervollkommnet, prägen seine individuelle Qualität, den Laufstil.
Laufen ist zugleich die wichtigste Grundbewegung im gesamten Sport. Nicht nur die Leichtathletik, auch die meisten Spiele und viele andere Sportarten bauen auf dem Laufen auf. Wer gut laufen kann, hat überall Vorteile. Was es jedoch heißt, gut laufen zu können, unterscheidet sich von Sportart zu Sportart. Im Fußball heißt es z. B. etwas anderes als im Badminton, in der Sportgymnastik oder eben in der Leichtathletik. Dennoch ist es möglich und sinnvoll, das Laufen im Zusammenhang der Leichtathletik so zum Thema zu machen, daß damit zugleich Grundlagen für viele andere Sportarten gelegt werden.
In diesem Sinn bietet das «ABC des Laufens» Anregungen, die Vielfalt des Laufens zu erschließen – zwar mit Blickrichtung auf die Leichtathletik, aber ohne enge Beschränkung auf ihre Laufdisziplinen. Es folgen Kapitel zu den besonderen Bewegungszielen, unter denen das Laufen in der Leichtathletik steht.

Das «ABC» des Laufens –
vielfältiges Laufen vor und neben der Leichtathletik

Dieses Kapitel ist nach Gesichtspunkten gegliedert, unter denen das in der Leichtathletik bekannte Laufen erweitert werden sollte. Es geht um grundlegende ‹Laufideen› und die vielfältigen Reize des Laufens. Viele der hier gegebenen Anregungen können auch das Training im Verein bereichern. Es sind jedoch besonders solche Formen ausgewählt, die Schüler auch dann als sinnvoll empfinden können, wenn sie nicht an ein leichtathletisches Lauftraining denken. Die meisten Ideen brauchen keine besonderen Vorbereitungen und nicht viel Zeit. Sie eignen sich als Varianten im Eröffnungsteil der Sportstunde oder als kleine Einlagen. Andere betreffen eher grundsätzlich die Wahl der Laufumgebung und die Sozialformen.
Die Anregungen dieses Kapitels sind mißverstanden, wenn aus ihnen im Unterricht ein kompakter Lehrgang gemacht wird; sie sind auch mißverstanden, wenn sie nur als Vorstufe vor der ‹eigentlichen› Leichtathletik betrachtet werden. Laufen in den hier angeregten Formen sollte den Unterricht während der gesamten Schulzeit bereichern.

Äußere Bedingungen

Auf und Ab
Leichtathletische Laufbahnen sind eben. Laufen erhält jedoch zusätzliche Reize und Möglichkeiten durch das Auf und Ab von verschiedenen *Geländeformen*.
Im Bewegungsgelände einer Schule ist daran meistens nicht gedacht. Schiefe Ebenen und Schrägen, Abhänge und Wellen sind eingeebnet oder bepflanzt worden, als Laufwege meistens nicht vorgesehen. Lehrer und Schüler sollten gemeinsam das Schulgelände und die nähere Umgebung der Schule erkunden und nach Wegen mit gut belaufbarem Auf und Ab suchen. Irgend etwas findet sich überall:
– eine abschüssige Wiese,
– eine belaufbare Böschung,
– Treppen,
– geneigte Gehwege,
– ein Hügel oder Abhang,
– Bodenwellen, Kuhlen, trockene Gräben.
Solche Geländeformen sollten regelmäßig in das Laufen einbezogen werden. Dabei geht es nicht darum, z. B. möglichst lange Steigungen möglichst

Äußere Bedingungen

schnell hinaufzulaufen. Die Schüler sollten vielmehr folgende Erfahrungen machen:
- Welche Steigung, welches Gefälle kann ich noch im Laufen schaffen?
- Wie passe ich am besten meine Lauftechnik (Schrittlänge, Körperneigung) dem Gelände an?
- Welcher Laufweg ist in wechselhaftem Gelände am günstigsten; bei welchem macht das Laufen am meisten Spaß, ist es am flüssigsten?

Mit etwas Aufwand läßt sich eine attraktive Böschung auch in der Halle aus Turngeräten bauen, wo man hinauf- und hinunterlaufen oder -sprinten kann.

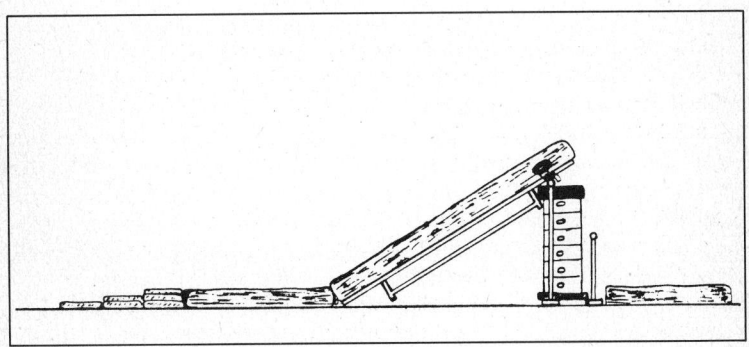

Böden
Für den leichtathletischen Wettkampf ist das klar: Aschen- oder Kunststoffbahn, für die Marathonstrecke Asphalt und das jeweils dazugehörige Schuhwerk. Laufen kann jedoch auch anders sein:
- auf federndem Waldboden,
- auf feuchtem, rutschigen Boden,
- durch Pfützen oder flaches Wasser (z. B. am Strand),
- durch die hohe Wiese, das Unterholz,
- im Sand oder auf dem Rasen – barfuß!
- durch – nicht zu tiefen – Schnee.

Dies alles findet man nicht zu jeder Zeit im Schulgelände. Aber wenigstens einiges davon ist immer einmal möglich (zumindest im Schullandheim oder beim Ausflug), und dann sollte man es nutzen. Außer dem Spaß, den man dabei hat, läßt sich beim Laufen auf verschiedenen Böden auch erfahren:
- wie man die Lauftechnik dem Boden anpassen muß (z. B. hohe Wiese: Kniehebelauf – rutschiger Boden: kleine Schritte),
- wie sich die Beanspruchung ändert (z. B. tiefer Sand – Waldboden).

Auch in der Halle sollte man nicht immer nur über den Kunststoff- oder Holzboden laufen, sondern auch einmal über Turnmatten, Weichbodenmatten, Kastendeckel ...

Umgebungen
Ein Reiz des Laufens kann zunächst darin liegen, daß man irgendwo hinkommt und etwas sieht. Verschiedene Laufumgebungen können sich in dieser Hinsicht sehr unterscheiden. Die kahle, übersichtliche Rundstrecke bietet schon bei der ersten Runde kaum Sehenswertes; der Lauf durch das Schulgelände auf unüblichen Wegen kann interessanter sein.

Wie sehr man das Gefühl hat vorwärtszukommen, hängt nicht nur von der eigenen tatsächlichen Geschwindigkeit ab, sondern auch von den Raummarken, an denen man vorbeiläuft: Auf einer schnurgeraden, breiten, baumlosen Straße fühlt man sich langsamer als auf dem engen, gewundenen Waldweg. Bei der Anlage von Wettkampfstätten kann dies mit Rücksicht auf die Zuschauer, die ja etwas sehen wollen, kaum in die Planung eingehen. Daher gibt es selten Bäume und Sträucher an Laufbahnen.

Auch die Laufbahnen in Schulsportstätten sind meistens so angelegt, daß die Schüler sich eher wie Schnecken vorkommen müssen. Besonders im Interesse der langsameren Läufer unter den Schülern sollte der Lehrer daher die möglichen Laufwege unter dem Gesichtspunkt auswählen, daß ein Geschwindigkeitsgefühl unterstützt wird. Oft hängt dies von scheinbar belanglosen Kleinigkeiten ab, wie das folgende Beispiel zeigt: Wenn ein Rasenplatz von Sträuchern und Bäumen umstanden ist, kommt man sich schneller vor, wenn man möglichst nahe an ihnen entlang oder zwischen ihnen durch läuft, obwohl dadurch die Runden größer werden.

Äußere Bedingungen

Übrigens kann man die Raummarken, die das Geschwindigkeitsgefühl beeinflussen, auch kurzfristig schaffen: Mitschüler, die eine Gasse oder einen Slalom bilden, Geräte am Laufweg (Slalomstangen, Baustellenkegel, Bälle usw.) und Hindernisse aller Art können denselben Eindruck vermitteln.

Zur Umgebung gehört auch das Wetter. Wetter, das man gewöhnlich als schlecht bezeichnet, kann für das Laufen besonders reizvoll sein: (nicht zu kalter) Regen, Nebel, Schneefall. Bei Temperaturen über 25 Grad sollte man dagegen mit Schülern keine längeren Strecken laufen.

Kleine Zwischenorientierung
Bisher ging es um *äußere Bedingungen*, von denen der Reiz des Laufens abhängen kann. Oft sind die Möglichkeiten, die hier gesondert dargestellt wurden, miteinander verbunden. Besonders gilt das beim Laufen in natürlicher Umgebung, wie es – wenn nicht im Unterricht – bei Landheimaufenthalten, Ausflügen, aber auch Schulsportfesten möglich ist. Reizvolle, außergewöhnliche Laufstrecken zu finden, sollte immer wieder eine Aufgabe für den Lehrer und die Schüler sein. Dieses kann gelegentlich auch zum Unterrichtsthema werden.
Dazu ein Beispiel: In einem geeigneten Gelände teilt sich die Klasse in

Vierergruppen ein. Jede Gruppe hat eine Uhr und sucht eine schöne
Strecke, die in flüssigem Tempo in fünf Minuten durchlaufen werden kann.
(Bei jüngeren Schülern sind auch zwei oder drei Minuten genug.) Einige
der Strecken werden von der ganzen Klasse erprobt, verglichen und eventuell bewertet.
Zu den Laufdisziplinen bei Schulsportfesten sollte möglichst oft auch ein
Crosslauf gehören. Dabei muß die Laufstrecke gar nicht so lang sein wie
üblich: Auch Cross-Sprints über maximal 100 Meter haben ihren Reiz; aus
Sicherheitsgründen sollten sie gegebenenfalls mit Einzelstarts durchgeführt werden.

In den folgenden Abschnitten tritt die *Bewegung des Laufens* selber in den
Vordergrund.

Laufbewegungen

Richtungen
Die dem Leichtathleten gewohnten Laufrichtungen sind: geradeaus und
linksherum im großen Bogen. Außerdem läuft der Leichtathlet immer vorwärts ...
Laufen wird vielseitiger und interessanter, wenn wir diese Gewohnheiten
gelegentlich durchbrechen:
- rückwärts und seitwärts laufen,
- mit unregelmäßigen, auch abrupten Richtungsänderungen laufen,
- Slalom laufen,
- aus dem Lauf eine halbe oder eine ganze Drehung machen und sofort
  weiterlaufen,
- im Bogen, durch eine Kurve laufen und dabei die Zentrifugalkraft erleben.

Diese Richtungsänderungen kann man auf unterschiedliche Weise anregen:
- Die Großgruppe (Klasse) läuft im Pulk; der Lehrer oder ein Schüler
  leiten die Varianten durch ihr Bewegungsvorbild, durch Zuruf oder vereinbarte Zeichen ein.
- Jeweils zwei Schüler laufen gemeinsam; einer ist der ‹Schatten› des anderen und macht dessen Richtungsänderungen nach.
- Natürliche oder künstliche Hindernisse weisen den Weg; es entsteht ein
  Laufparcours (vgl. Abb. rechts).
- Diese Hindernisse können auch durch die Schüler gebildet werden und
  dann beweglich sein. Beispiel: In einem bezeichneten Raum von circa 15
  mal 15 Meter läuft die ganze Klasse, jeder auf möglichst unregelmäßigen
  Raumwegen, ohne andere Schüler zu berühren.

Laufbewegungen

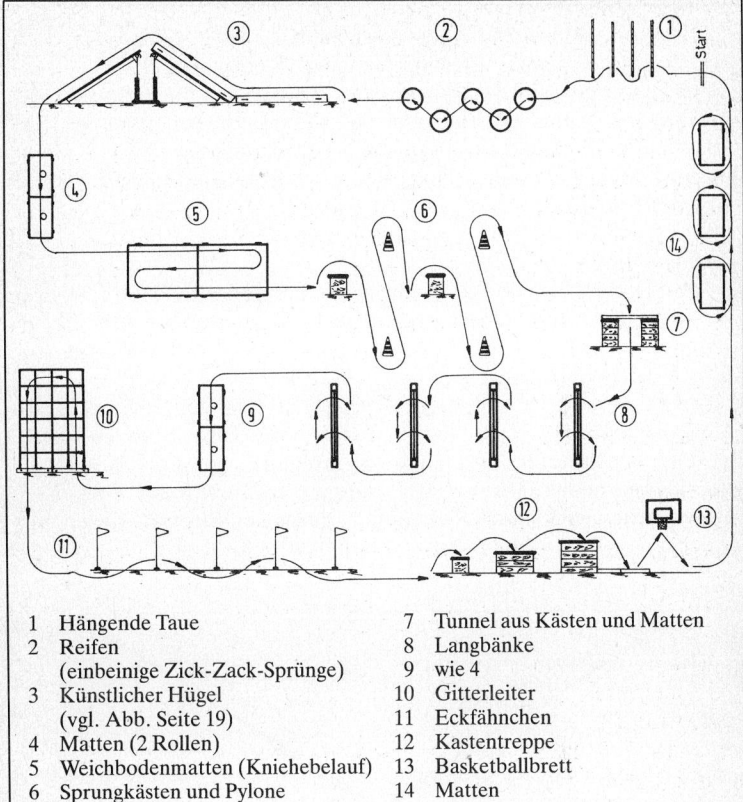

1 Hängende Taue
2 Reifen (einbeinige Zick-Zack-Sprünge)
3 Künstlicher Hügel (vgl. Abb. Seite 19)
4 Matten (2 Rollen)
5 Weichbodenmatten (Kniehebelauf)
6 Sprungkästen und Pylone
7 Tunnel aus Kästen und Matten
8 Langbänke
9 wie 4
10 Gitterleiter
11 Eckfähnchen
12 Kastentreppe
13 Basketballbrett
14 Matten

- *Bergabslalom:* Dieses ist, wo man die Möglichkeit dazu hat, besonders schön: Auf einem nicht zu steilen Hang mit Fähnchen oder anderen Gegenständen einen engen Slalom stecken; wer läuft ihn flüssig und schnell? (Im Wald kann es auch um die Bäume herumgehen.)

Geschwindigkeiten
Die Gestaltung der Laufgeschwindigkeit steht für den Leichtathleten typischerweise in einem eindeutigen Sinnzusammenhang: Er möchte schneller sein als möglichst viele andere. Um Laufen in diesem Sinn geht es in den späteren Kapiteln. Im Rahmen des Lauf-ABC interessiert das *Spiel mit der Geschwindigkeit*, ihrer Kontrolle und Variation.

Gleichmäßiges Tempo laufen
Das fällt vor allem jüngeren und ungeübten Schülern sehr schwer, kann aber – in entsprechende Aufgaben gekleidet – viel Spaß machen:
● Der Lehrer gibt ein Tempo vor; nach gewisser Zeit übernehmen nacheinander verschiedene Schüler die Spitze. Die anderen beurteilen, ob sie das Tempo gehalten haben. Dasselbe in Kleingruppen.

Anspruchsvollere Formen (Umkehrläufe, Viereckslläufe) sind auf Seite 33 bis 35 beschrieben.

Tempo kontrolliert verändern
Entscheidend ist hier das ‹Spiel mit dem Oberkörper›: Oberkörper nach vorn = beschleunigen, Oberkörper zurück = langsamer werden. Neben dem bekannten gleichmäßigen Steigerungslauf über 50 bis 100 Meter empfehlen wir diese Formen:
● Die Laufstrecke, z. B. 100 Meter diagonal über den Rasenplatz, ist durch Fähnchen bei 20, 40, 60, 80 Meter markiert. Start im ‹ersten Gang›, bei 20 Meter ‹Schalten› in den zweiten Gang usw. – nach 80 Metern ‹Austrudeln›. (In der Halle oder auf engerem Raum können die Teilstrecken auch an den Seiten und Diagonalen gebildet werden, vgl. Abb.)

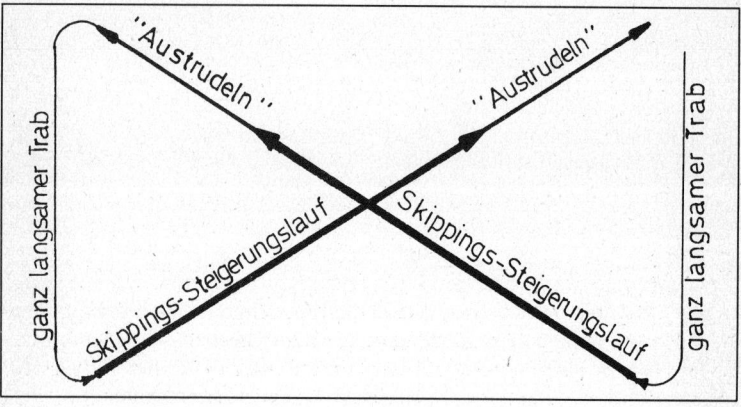

● *Gruppenüberhollauf:* Sechs bis zehn Schüler laufen hintereinander mit Abständen von ein bis zwei Metern. Jeweils der letzte überholt die Gruppe, setzt sich an die Spitze. Das Tempo der Gruppe darf sich dabei nicht erhöhen, die Abstände sollten gleich bleiben! (Diese Form kann besonders reizvoll auch im Gelände sein, wenn man zum Überholen den

Laufweg der anderen verlassen muß – oder auch abkürzen kann.) Wenn die Abstände zwischen den Läufern 2 bis 3 Meter betragen, kann auch im Slalom überholt werden.

Schrittfrequenz und Schrittlänge kontrollieren
Wenn Schüler ihr Lauftempo verändern, dann verändern sie die Oberkörpervorlage, zugleich aber auch Schrittlänge und Schrittfrequenz – oder eines von beiden. Das Gefühl für die optimale Abstimmung dieser beiden Merkmale kann dadurch verbessert werden, daß man sie einzeln verändert. Die Frequenz läßt sich leicht über akustische Signale kontrollieren – in der Halle am schönsten durch Musik:
- Laufen nach einer Musik mit schneller/langsamer werdendem Takt (oder: Tamburin); Laufen im Takt einer gleichmäßigen Musik – auf Zeichen: Halbieren des Takts.
- Steigerungsläufe über 50 bis 100 Meter. Mit langen Schritten und geringer Frequenz beginnen; Temposteigerung nur durch Erhöhung der Frequenz.
- Steigerungsläufe über 50 bis 100 Meter; mit hoher Frequenz und Schritten ohne Raumgewinn beginnen – Tempo aufnehmen und steigern nur durch allmähliche Verlängerung der Schritte, solange es bei gleicher Frequenz geht.

Die Schüler können durch solche Aufgaben Einsichten darüber gewinnen,
- wie sich die Lauftechnik mit der Geschwindigkeit verändert: Körpervorlage, Aufsetzen des Fußes, Armarbeit;
- wie Schrittlänge und Schrittfrequenz mit der Geschwindigkeit zusammenhängen.

Bewegungsmerkmale

Das Laufen erscheint Kindern und Jugendlichen als so natürliche Bewegung, daß sie sich seine Bewegungsmerkmale selten bewußt machen. In Wirklichkeit ist der Laufstil jedes einzelnen nicht naturgegeben, sondern in einer langen individuellen Lauf-Lerngeschichte erworben und hochgradig stereotyp geworden – was Lehrer immer merken, wenn sie bei Schülern bestimmte Bewegungsmerkmale korrigieren wollen.

In diesem Abschnitt geht es zunächst nicht um zielgerichtete Korrekturübungen für die ‹richtige› Lauftechnik; was richtig ist, bestimmt sich erst aus dem Ziel der Bewegung: ob man z. B. möglichst schnell, möglichst kraftsparend, möglichst trainingsintensiv, möglichst originell laufen will. Unter dem jeweils angenommenen Gesichtspunkt ist das ein Thema der folgenden Kapitel.

Hier empfehlen wir zunächst, durch bewußtes Experimentieren mit einzelnen Bewegungsmerkmalen des Laufens die *Variabilität der Laufbewegung* und damit auch die Aufgeschlossenheit für Korrekturen zu erhöhen. Die

Wirkung der Experimente erhöht sich, wenn die Schüler angeregt werden, die – erwünschten und unerwünschten – Nebenwirkungen bestimmter Bewegungsausführungen an sich und anderen zu beobachten.
Die Experimente sind nach den für die Lauftechnik wichtigen Körperregionen gegliedert; sie eignen sich vor allem für den einleitenden Teil der Stunde.

- *Fußexperimente:* Laufen auf dem Ballen – auf dem ganzen Fuß – geht es auch über die Ferse? Laufen mit Aufsetzen des Fußes auf der Außen-, auf der Innenseite, mit Ein- und Ausdrehen der Füße.
- *Beinexperimente:* Laufen mit starkem Kniehub – mit möglichst geringem Kniehub (‹Latschen›); Laufen mit Anfersen; ‹abdrückend› – ‹greifend› laufen.
- *Armexperimente:* Laufen ohne Armeinsatz (verschränkte, gestreckt hängende, angewinkelte Arme usw.), mit schlingerndem Armeinsatz vor dem Körper, mit Mühlkreisen der Arme, mit rudernden Armbewegungen, Laufen im Paßgang.
- *Handexperimente:* Laufen mit geballten Fäusten, mit ausgestreckten Händen, mit Reiben von Daumen und Zeigefinger aneinander (eine sehr gute Lockerungshilfe!).
- *Kopfexperimente:* Laufen mit Kopf im Nacken, auf der Brust, mit seitlichem Rollen des Kopfes.
- *Rumpfexperimente:* ‹Spiel mit dem Oberkörper›: vor – zurück. Laufen mit betontem Vorbringen – Zurücknehmen der Hüfte. Ruckartiges Beschleunigen (auch aus dem Stand: Fallstart) mit Abknicken des Oberkörpers – mit Ganzkörpervorlage.

Laufkunststücke
Die hier zusammengestellten Formen, die zum Teil auch zum Grundrepertoire der leichtathletischen Laufschule gehören, erfordern besonderes Bewegungsgeschick. In ihnen zeigt sich die Variabilität der Laufbewegung. Sie sind zugleich Prüfungen dafür, wie sicher die Laufkoordination ist. Da es bei den Laufkunststücken auf die Ausführung der Gesamtbewegung, nicht nur um die Variation einzelner Bewegungsmerkmale geht, sind jeweils einige Kriterien für die kunstgerechte Ausführung genannt. Es lohnt sich, diese Kunststücke immer wieder zu üben. Was an ihnen gelernt wird, kommt der Qualität der Laufbewegung zugute.

- *Hopserlauf:* Kriterien: Der Sprungfuß muß im Absprung völlig gestreckt werden. Wirksamer, deutlicher Schwungbeineinsatz und koordinierte deutliche Armbewegungen unterstützen die Hopser. Diese müssen durch Abrollen des Fußes federnd aufgefangen werden (in der Halle: leise hopsen!).

Laufbewegungen 27

Varianten: Hopserlauf mit Betonung der Schritthöhe – Schrittweite; mit Doppelarmschwung vorwärts – rückwärts.
- *Sprunglauf:* Lauf mit sprungartig verlängerten Schritten. Kriterien: kräftige Abdruckstreckung, koordinierter, kräftiger Einsatz von Schwungbein (Kniehub) und Armen, Halten der Körperspannung, kein ‹Einbrechen› nach zu langen oder zu vielen Schritten.
- *Fußgelenklauf:* Lauf am Ort nur mit Kniehub und betonter Fußarbeit. Kriterien: Bei jedem Schritt müssen Aufsetzen auf dem Ballen – Absenken auf die Ferse – völlige Fußstreckung abwechseln. Beide Füße haben ständig Bodenkontakt.
- *Skippings:* Lauf mit geringem Raumgewinn, hoher Schrittfrequenz und starkem Kniehub. Kriterien: Oberschenkel bei jedem Schritt mindestens bis zur Waagerechten anheben. Betonte Armführung gerade neben dem Körper (kein Schlingern). Wie schnell könnt ihr es?
- *Überkreuzen seitwärts:* Lauf in der Seitwärtsrichtung mit Vorwärts-Übersetzen des hinteren Beins (asymmetrische Bewegung, daher beidseitig ausführen). Kriterien: Die Schulterachse bleibt, stabilisiert durch seitlich ausgestreckte Arme, in Laufrichtung. Die Hüfte leitet die Schwungbeinbewegung mit ein, damit ein hoher Kniehub erreicht werden kann.
Variante: Auf Schritt 1 wird das hintere Bein vorn übergesetzt (Kniehub), auf Schritt 2 hinten.
- *Überkreuzen vorwärts:* Langsamer Lauf in der Vorwärtsrichtung mit Verwringung der Hüfte bei jedem Schritt, verbunden mit einem Schräghoch-Reißen des Schwungbeins. Kriterien: Hüfte und Schulterachse bewegen sich bei jedem Schritt gegeneinander; großer Kniehub.
- *Pendellauf:* Spiel mit dem Oberkörper, so daß ein fließender Übergang vom Vorwärts- in den Rückwärtslauf und zurück entsteht, jeweils über den Lauf am Ort. Pendelstrecke jeweils ca. 10 Meter. Kriterien: Der Körperschwerpunkt verlagert sich kontinuierlich (nach vorn – nach hinten) jeweils zum Beschleunigen – Verzögern – Richtungswechseln.

Miteinander

Viele der genannten Übungen des Lauf-ABC sind mit bestimmten Formen des Miteinander verbunden. Hier folgen nun noch einige Beispiele dafür, wie durch entsprechende Aufgabenstellungen eine Koordination der eigenen Laufbewegung mit der der anderen Schüler gefördert werden kann. Einige Formen, besonders die letzten, eignen sich auch für Vorführungen.

- *Laufschlange* (vgl. Foto Seite 28): Hier geht es darum, daß die Mitglieder einer größeren Gruppe, sogar der ganzen Klasse, hintereinander laufen – mit gleichbleibenden Abständen trotz Kurven, Steigungen, Tempoveränderungen usw.

Das «ABC» des Laufens

- *Kettenfangen:* Diese Variante des Fangens (wer abgeschlagen ist, bildet mit dem Fänger eine – immer länger werdende – Kette) erfordert eine flexible Abstimmung von Tempo, Richtungsänderung usw. innerhalb der Fängerkette.
- *Dreibeinlauf:* Das rechte und linke Bein zweier gleich großer Schüler werden an den Fußgelenken eng aneinandergebunden; sie müssen nun ihre Laufbewegungen so koordinieren, daß ein flüssiger Lauf auf drei Beinen entsteht.
- *Einfädeln:* Hier geht es um die Einschätzung von Entfernungen und Geschwindigkeiten. Die Schüler sind in zwei Gruppen eingeteilt, die in zwei sich überkreuzenden Diagonalen laufen. Ziel ist es, ohne Ausweichbewegungen oder abrupte Tempowechsel einzufädeln.
- *Dreierzopf:* Bei diesem Formationslauf zu dritt bilden die Laufwege einen Zopf. Welche Dreiergruppe schafft es ganz regelmäßig?

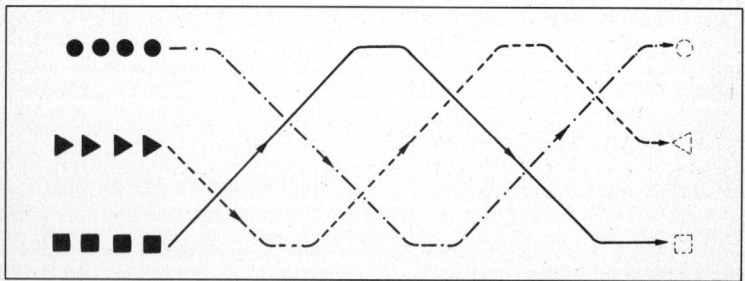

Ausdauernd laufen

Was jeder Lehrer darüber wissen sollte

In diesem und dem folgenden Abschnitt geht es um Formen des Laufens über eine längere Zeit, nicht jedoch um *den* Mittel- und Langstreckenlauf. Es ist heute nicht mehr umstritten, daß der Dauerlauf zu den unverzichtbaren Inhalten des Schulsports gehört. Seine hervorragende gesundheitliche Bedeutung ist bekannt. Weiterhin – und das interessiert die meisten Schüler mehr – ist eine gute Laufausdauer eine wesentliche Voraussetzung für Leistungen und Spaß in vielen Gebieten des Sports.

Belastbarkeit, Trainierbarkeit
Trotz dieser guten Gründe ist es für einen Sportlehrer nicht immer einfach, seine Schüler für das ausdauernde Laufen zu gewinnen. Lange hat sich auch das Vorurteil gehalten, Kinder seien – nach Motivation und Physis – Kurzleister und erst im Jugendalter (in und nach der Pubertät) entwickelten sich die Voraussetzungen für regelmäßige Ausdauerbelastungen. Heute jedoch wissen wir:

> Schon Kinder können ausdauernd laufen

Gesunde Kinder können sehr lange Strecken ohne Pause laufen. Sie sind auf Ausdauer in hohem Maße belastbar. Allerdings unterscheiden sich die Trainingswirkungen, die regelmäßiges Dauerlaufen bei ihnen auslöst, etwas von denen bei Jugendlichen: Kinder, die oft längere Zeit laufen, unterscheiden sich von solchen, die das nicht tun, vor allem durch ihre bessere *Laufkoordination*; die Unterschiede in der körperlichen Entwicklung (besonders des Herz-Kreislauf-Systems) sind nicht so auffallend. Mit der Pubertät verschiebt sich das: Die *Trainierbarkeit* der körperlichen Grundlagen der Ausdauer nimmt nun zu, d. h., das gleiche Trainingspensum hat höhere Wirkungen auf Herz und Kreislauf als früher. Das bedeutet zugleich: Der gesundheitliche Wert des ausdauernden Laufens steigt. Dagegen nehmen die positiven Nebenwirkungen auf die Laufkoordination allmählich ab.

Entwicklungsgemäße Leistungsziele
Für die Entwicklung des ausdauernden Laufens gibt es eine natürliche Gliederung in drei Phasen:

> ‹Länger› und ‹Weiter› kommt vor ‹Schneller›

1. Phase (‹Länger›): Die Schüler lernen, immer längere Zeit in einem selbstgewählten Tempo ohne Pause zu laufen. Attraktive Zielmarken bieten die Laufabzeichen des DLV: erste Stufe: 15 Minuten; zweite Stufe: 30 Minuten; dritte Stufe: 60 Minuten. Dabei ist es ohne Bedeutung, welche Strecke in der Zeit zurückgelegt wird.
2. Phase (‹Weiter›): Die Schüler lernen, immer weitere Strecken ohne Pause zu laufen. Dabei ist die benötigte Zeit noch ohne Belang. Zielmarken können nicht nur bestimmte Kilometerzahlen (2, 3, 5, 10), sondern auch markante Ziele im Gelände sein, z. B. eine Runde um das Schulgelände, bis zum Ende eines bestimmten Weges, bis zum Waldrand usw.
3. Phase (‹Schneller›): Die Schüler lernen, längere Strecken in immer kürzerer Zeit zu laufen.

Wenn man mit Schülern zum erstenmal oder nach längerer Zeit wieder ausdauernd laufen will, sollten Formen des ‹Länger› und des ‹Weiter› mindestens ein halbes Jahr lang im Vordergrund stehen. Bei Kindern sind Formen des ‹Schneller› nach Möglichkeit ganz zu meiden, auch Jugendliche sollten zunächst nur solche Strecken auf Zeit laufen, für die sie nicht weniger als zehn Minuten brauchen.

Dosierung
Wer im Laufen länger durchhalten, ohne Pause weiter kommen oder gar schneller werden will, muß regelmäßig bestimmte Mindestbelastungen eingehen. Ein einfaches, wenn auch grobes Maß für die Intensität der individuellen Belastung ist die Herzfrequenz pro Minute. Alle Schüler sollten lernen, wo sie ihren Puls fühlen können (am Hals, am Handgelenk) und wie man nach Zählen über 10 oder 15 Sekunden die Herzfrequenz errechnet.
Mit der körperlichen Entwicklung im Kindes- und Jugendalter verändert sich die Herzfrequenz in Ruhe und bei Belastung erheblich; auch die Unterschiede zwischen gleichaltrigen Schülern sind groß. Daher ist es bedenklich, die richtige Dosierung mit einer absoluten Zahl für alle anzugeben. Die für Erwachsene angegebene ‹Richtgeschwindigkeit 130› ist für gesunde Schüler jedoch zu niedrig. Die Mindestbelastung, unterhalb derer keine Verbesserung mehr zu erwarten ist, nennt die Formel:

> Jede Woche zehn Minuten 150

Gleichgültig, welche Formen des ausdauernden Laufens gewählt werden, es muß mindestens einmal in der Woche (Häufigkeit) zehn Minuten lang (Dauer) die Herzfrequenz über 150 sein (Intensität). Was darunter liegt, mag eine interessante Abwechslung, vielleicht auch eine wichtige Erfahrung sein – die Ausdauer verbessert es nicht. Darüber darf man gehen – auch schon mit Kindern – beliebig in der Häufigkeit und der Dauer, bis zu bestimmten Grenzen in der Intensität. Bis 180 Herzschläge pro Minute dürfen Kinder und Jugendliche über längere Zeit haben; darüber nur kurzfristig.

Aerobe und anaerobe Belastung
In älteren Lehrbüchern und Lehrplänen wurde oft empfohlen, die Schüler im Zuge ihrer Entwicklung beginnend mit kurzen Sprintstrecken an immer längere Laufstrecken zu gewöhnen. Man meinte, dies sei für das Laufen die Anwendung der Regel «Vom Leichten zum Schweren». Im fünften und sechsten Schuljahr sollten danach zunächst die kürzeren Mittelstrecken eingeführt werden, in der zehnten Klasse hätte man bei den Langstrecken zu sein. Auch das übliche Wettkampfsystem in Schule und Verein entspricht leider noch weitgehend dieser Empfehlung. Sie ist jedoch falsch: Sie ist gesundheitlich nicht unbedenklich und verhindert eine langfristige Verbesserung der Ausdauer. Für den Schulsport gilt:

> Nur Langstreckler laufen Mittelstrecken

Mittelstrecken (zwischen 300 und ca. 2000 Meter) sollte auf Zeit (‹Schneller›) nur laufen, wer bereits ein gut trainierter Langstreckler ist. Für Kinder und Jugendliche zu Beginn der Pubertät sollten Mittelstreckenrennen nicht durchgeführt werden. Auch wer bereits älter ist, darf Mittelstrecken auf Zeit erst laufen, wenn er durch das Programm ‹Länger – Weiter› Dauerläufer geworden ist.

Gefahren, Vorsichtsmaßnahmen
Ausdauerndes Laufen kann, wenn es den genannten Regeln entsprechend durchgeführt wird, viele positive Wirkungen für die körperliche Entwicklung der Schüler und damit für ihre Gesundheit haben. Unter bestimmten Umständen ist es aber auch gefährlich. Die wichtigsten *Aufmerksamkeitspunkte* sind:

> Hitze – Fieber – Mandeln – Herz

Hitze: Beim ausdauernden Laufen entsteht viel Abfallwärme. 30 Minuten zügiger Lauf würden ausreichen, den Körper um mehr als 10 Grad zu erhitzen, wenn diese Hitze nicht über die Körperoberfläche abgegeben würde. Bei Außentemperaturen über 25 Grad, besonders, wenn zugleich die Luftfeuchtigkeit hoch ist, wird der Temperaturausgleich erschwert. Man sollte dann nicht mehr sehr intensiv, aber unbedingt in leichter Kleidung laufen.
Fieber: Wer Fieber hat, darf kein Ausdauertraining betreiben. Auch nach dem Abklingen einer fiebrigen Infektion ist noch einige Tage Vorsicht geboten. Keine Läufe mit hoher Intensität, sondern eher um Puls 150.

Mandeln: Auch ohne merkliches Fieber sind angeschwollene Rachenmandeln (man spürt sie als Knoten am Hals oder Schluckbeschwerden) ein Alarmzeichen. Wer in diesem Zustand läuft, gefährdet sein Herz!
Herz: Unter hundert Schülern gibt es mindestens einen mit einem Herzfehler, dem ausdauerndes Laufen schaden könnte. Der Sportlehrer kann ihn nicht sicher herausfinden; er kann auch nicht alle Schüler zu einer Vorsorge-Untersuchung schicken, bevor er sie ausdauernd laufen läßt. Er sollte aber schon bei den ersten vorsichtigen Läufen der ersten Phase (‹Länger›) gelegentlich die Herzfrequenz kontrollieren: Eine Frequenz von 150–170 Schlägen sollte nach einer Minute Pause um mindestens 30 bis 40 Schläge gesunken sein. Ist das bei einem Schüler mehrmals nicht der Fall, sollte er von einem Arzt untersucht werden.

Motivation
Entgegen verbreiteter Meinung kann ausdauerndes Laufen durchaus motivierend sein. Ob es jedoch gelingt, Schüler dafür zu gewinnen, hängt von vielen Voraussetzungen ab. Am wenigsten bewirkt die Belehrung, das könne gesund und nützlich sein: Kaum jemand wird aus kühler Überlegung ein Läufer. Mehr bewirkt schon die Gewohnheit, die daraus entsteht, daß man einmal über eine gewisse Zeit regelmäßig läuft – vielleicht auch die Erfahrung, daß man sich dabei wohl gefühlt hat und von Mal zu Mal besser geworden ist. Jedenfalls ist es ein Verstoß gegen die Motivation der Schüler, wenn man sie nur gelegentlich einmal ausdauernd laufen läßt, ohne sie darauf vorbereitet zu haben. Dann werden die meisten den Eindruck bekommen, daß sie das ohnehin nicht können, und entsprechend ihre Schlüsse daraus ziehen. Mindestens ebenso wichtig ist, daß die Schüler bei ihrem Lehrer spüren, daß er gern läuft – wenn sie das Gegenteil merken, wird er sie auch für die interessantesten Formen nicht begeistern können. ‹Ansteckend› ist auch, mit anderen zusammen (nicht gegen sie) zu laufen, die das gerne tun. In einer Schulklasse kann, wenn der Lehrer entsprechende Formen wählt, ein Laufklima entstehen, das auch die anspricht, die noch keine Dauerläufer sind.
Praktische Beispiele für das ausdauernde Laufen enthalten die beiden folgenden Kapitel.

Unterrichtsideen

In diesem Kapitel sind einige praktische Anregungen für das ausdauernde Laufen zusammengestellt. Es sind vielfach erprobte Möglichkeiten, das Laufen interessant und abwechslungsreich zu gestalten, individuelle Belastungen zu ermöglichen und seine Leistungsmotorik zu vergleichen. Die Beispiele beginnen mit solchen der Phasen 1 (‹Länger›) und 2 (‹Weiter›)

(vgl. Seite 29f). Sie enden vor den sportlichen Trainingsformen für den Mittel- und Langstreckenlauf, die in vielen Büchern nachzulesen sind.
Die angeführten Formen ersetzen nicht das gemeinsame Laufen der ganzen Klasse mit dem Lehrer in einem Pulk, einer Schlange oder kleineren Untergruppen. Auch diese einfachsten Formen können, wenn die Strecke abwechslungsreich und nicht zu lang ist, immer wieder durchgeführt werden. Viele Anregungen des «Lauf-ABC» sind dabei umzusetzen. Das Problem bilden jedoch die Leistungsunterschiede unter den Schülern: Wenn alle zusammen laufen, ist es für manche zu schnell, für andere zu langsam. Für viele hat es dann keine Trainingswirkung, manchen macht es so auch keinen Spaß. Deshalb ist es sinnvoll, auch Formen zu wählen, bei denen jeder ‹sein› Tempo laufen kann.

Das Zeit-Verlängerungs-Programm
Dieses ist eine Möglichkeit, in der ersten Phase des ausdauernden Laufens die Angst vor langen Zeiten zu nehmen. Möglichst in einem abwechslungsreichen Gelände laufen alle gemeinsam eine Minute und machen dann eine kurze Gehpause, laufen dann zwei Minuten (nach einer Minute: «Jetzt haben wir die Hälfte!») und gehen wieder usw. Dieses Programm wird beim erstenmal nur so weit fortgesetzt, wie alle noch mitkommen, z. B. bis 5 Minuten. In den folgenden Stunden wird es allmählich gesteigert, z. B. 1-3-5-7 Minuten, 2-4-6-8 Minuten, 5-6-7-8 Minuten, 3-6-9-12 Minuten oder ähnlich. Ziele können sein, das eigene Alter in Minuten oder eine Zeit für ein DLV-Laufabzeichen zu schaffen.

Viereckslauf
Dieses ist eine Organisationsform, in der die Schüler lernen können, über längere Zeit in ihrem Tempo gleichmäßig zu laufen.
Beispiel: Mit Pylonen, Eckfähnchen oder anderen Gegenständen werden auf dem Rasenplatz drei ineinanderliegende Quadrate mit 30 m/40 m/50 m Seitenlänge markiert.
Es sind zehn Runden in zehn Minuten zu laufen; die Wahl des Laufweges (zwischen 120 und 200 Meter pro Runde) ist freigestellt. Die Schüler beginnen alle zugleich an verschiedenen Ecken ihrer Wahl zu laufen. In den ersten beiden Runden bekommen sie alle 15 Sekunden ein Zeichen mit der Pfeife und sollten dann möglichst genau an der näch-

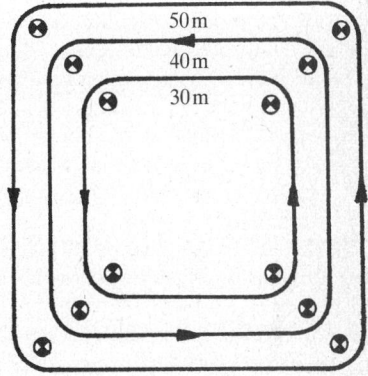

sten Ecke sein; in den Runden drei bis fünf kommt das Zeichen nur noch alle 30 Sekunden, danach jede Minute.

Rundenzahl, Seitenlänge und Intervalle zwischen den Zeichen müssen natürlich nach Alter und Leistungsstand der Klasse variiert werden. Wenn das Gelände dafür geeignet ist, können auch Dreiecke in 20 Sekunden pro Seite gelaufen werden.

Umkehrlauf

Auch bei dieser Übungsform geht es noch darum, ein möglichst gleichmäßiges individuell angemessenes Tempo zu laufen. Die Anforderungen an das Tempogefühl und die Selbsteinschätzung sind allerdings etwas höher als beim Viereckslauf.

Beispiel: In einem übersichtlichen Gelände, z. B. einem Park oder dem Schulgelände, tun sich jeweils zwei oder drei etwa gleich ausdauernde Schüler zusammen. Jede Gruppe hat eine Uhr mit Sekundenzeiger. Auf ein gemeinsames Zeichen laufen alle Gruppen auf beliebigen Wegen vom Startpunkt weg. Nach genau drei Minuten kehren sie um und laufen auf demselben Weg zurück. Wenn sie gleichmäßig gelaufen sind, kommen alle zur gleichen Zeit am Ausgangspunkt an.

Variationen:

- In der Halle oder im Freien wird ein Feld mit annähernd gleich langen Seiten abgesteckt. Alle Schüler laufen am selben Punkt los und zählen die passierten Ecken. Nach z. B. drei Minuten drehen auf ein Zeichen alle um, laufen zurück und zählen die Ecken rückwärts. Wer gleichmäßig gelaufen ist, kommt im Idealfall nach genau sechs Minuten bei Ecke Null an – gleichgültig, ob er bei Halbzeit bei Ecke 16 oder 21 war.
- Man kann mit etwas älteren Schülern (etwa ab Jahrgangsstufe acht) den Umkehrlauf auch einmal nach diesem Muster durchführen: Alle, auch der Lehrer, laufen von einem markanten Punkt auf einem vereinbarten Weg fünf Minuten in eine Richtung, jeder sein Tempo. Das Feld zieht sich nun weit auseinander, vielleicht 100, vielleicht 200 Meter oder mehr. Die Halbzeit zeigt der Lehrer durch lautes Pfeifen an; diejenigen, die es nicht hören, merken es an der Umkehr der anderen, die es gehört haben. Nun beginnt der Lauf zurück, und wer bis jetzt vorn lag, hat nun alle anderen einzuholen. Es kommt nicht darauf an, möglichst früh, sondern nach genau zehn Minuten wieder am Startpunkt zu sein.

Zeitschätzläufe

Bei diesen Läufen geht es darum, daß die Schüler eine vorher angesagte Zeit möglichst genau treffen, d. h. «Zeitgefühl» entwickeln.
Beispiele:

- Die Schüler sollen zunächst einmal einfach laufen und dabei einer abgesprochenen Zeit von einer, zwei oder (schon weit schwieriger) drei Mi-

nuten möglichst nahe kommen. Wer meint, die Zeit sei um, bleibt stehen und hebt den Arm.
- Es wird eine vorher festgelegte Strecke von allen Schülern, einzeln oder in kleinen Gruppen, gelaufen. Jeder bzw. jede Gruppe gibt vorher an, in welcher Zeit er das tun möchte. Diese Angabe wird mit dem tatsächlichen Ergebnis verglichen. Je kleiner die Differenz, desto besser. Solange die Schüler mit Zeitschätzläufen noch wenig vertraut sind oder wenn sie auf einer neuen Strecke laufen, sollten sie mindestens zwei Versuche bekommen.

Biathlon-Staffel
Die sportliche Disziplin Biathlon verbindet Anforderungen an Ausdauer und Treffsicherheit. Wer sich bei der Ausdauerleistung zu hoch belastet, wird nicht mehr gut treffen.
Dieses Prinzip ist auf den Schulsport gut anwendbar: Es verhindert, daß sich die Schüler hoch anaerob belasten; zugleich kommt mit der Zielaufgabe ein Unsicherheitsfaktor hinzu, der den Ausgang des Wettbewerbs immer neu spannend werden läßt.
Beispiel: Je zwei Schüler bilden ein Team. Schüler A jedes Teams läuft eine Runde von circa 400 m und erreicht dann die Wurfstation. Dort muß er drei Tennisringe aus 10 m Entfernung in einen Kreis werfen. Trifft er mit einem Ring nicht, muß er ihn sofort holen und in den Kreis legen. Erst dann darf er den nächsten Ring werfen. Erst wenn alle drei Ringe im Kreis sind, darf sein Partner (B) auf die Strecke. Während B läuft, legt A die drei Ringe wieder an die Abwurflinie.
Jeder Läufer hat zwei (oder drei) Runden jeweils einschließlich Wurfstation zu absolvieren. Bei der räumlichen Anordnung kommt es darauf an, daß alle Parteien gleich lange Wege zurückzulegen haben.
Variationen:
- Streckenlänge und Mannschaftsgröße können verändert werden. Man sollte jedoch darauf achten, daß die Pausen für den einzelnen Läufer nicht zu lang werden und die Strecken nicht im Sprint zurückgelegt werden können.
- Die Aufgabe an der Wurfstation kann vielfach abgewandelt werden: Schleuderbälle in Handballtore; Bälle in Korbballständer; (im Wald) Kiefernzapfen an einen Baum. Wenn es – wie bei den Kiefernzapfen – nicht sinnvoll ist, das Wurfgerät zurückzuholen, oder der Weg – wie zum Korbballständer – zu kurz ist, kann man auch eine «Strafrunde» anlegen.
- Aber beachten: Die Trefferwahrscheinlichkeit muß für den Durchschnitt der Klasse 1:1 sein. Der Zeitverlust durch Zurückholen des Wurfgeräts oder Strafrunde muß so sein, daß er unterschiedliche Laufzeiten auf der Runde etwa ausgleichen kann, andererseits aber auch die Laufausdauer nicht unterbewertet wird.

Gruppenbiathlon: Statt als Staffel kann das Biathlon auch in Gruppen durchgeführt werden, so daß sich die Mannschaftsmitglieder gegenseitig unterstützen können. Beispiel: Eine Laufstrecke im Wald führt an Wurfstationen vorbei. Von einer markierten Linie muß die Dreiermannschaft zusammen einen bestimmten Baum sechsmal getroffen haben, bevor sie weiterlaufen darf. Es darf erst geworfen werden, wenn alle drei an der Station angekommen sind.

Laufen und Suchen

Etwas Verborgenes zu finden und anderen etwas zum Suchen aufzugeben – das hat nicht nur für Kinder einen eigentümlichen Reiz. Auf diesem Reiz beruhen viele Kinderspiele, aber auch die Sportart Orientierungslauf. In diesem Kapitel werden Möglichkeiten beschrieben, das ausdauernde Laufen mit Suchaufgaben zu verbinden. Für viele Schüler ist dies die schönste Art zu laufen – vorausgesetzt, es werden geeignete Aufgabenstellungen und ein interessantes Gelände gefunden. Auch Schüler, die sonst längere Strecken nur lustlos laufen, sind hier oft mit Begeisterung dabei.

Organisation: Voraussetzungen

Das Wichtigste ist ein geeignetes *Gelände*. Am besten eignet sich ein in der Nähe der Schule gelegener, gut und gefahrlos zu erreichender Wald oder Park. Wenn das Gelände nicht zu übersichtlich ist, sind viele der im folgenden beschriebenen Formen schon auf einem Gebiet von circa 500 mal 500 Metern möglich. Je mehr mögliche Laufwege (Wanderwege, Pfade, unterholzfreier Wald) das Gelände durchziehen, desto besser. Auf keinen Fall sollten durch das Gelände Straßen führen, auf denen Autos fahren. Wenn das Gelände größer ist, müssen mit den Schülern Grenzen vereinbart werden, die sie nicht überlaufen dürfen (z. B. Straßen, Äcker, Bäche). Unter Umständen eignet sich auch das Schulgelände.
Für das Gelände braucht man eine *Karte*, schwarz-weiß, in einem großen Maßstab. Notfalls reicht die Topographische Karte 1:25000. Besser ist ein Maßstab von 1:10000; solche Karten sind in der Regel bei der Gemeindeverwaltung zu erhalten. Manchmal muß man sie auf den neuesten Stand bringen. Dieser Aufwand lohnt sich jedoch, da ein einmal erstelltes Original immer wieder kopiert werden kann. Unter Umständen kann man eine einfache Karte auch selbst herstellen. Der Vorteil ist dann, daß alle überflüssigen Angaben entfallen können (vgl. Abb. rechts).

Voraussetzungen

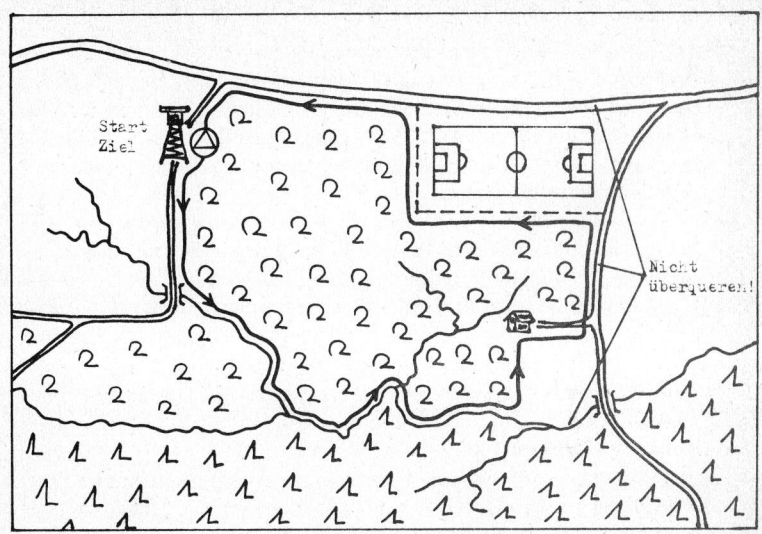

In welchem *Alter* soll man Schüler in erste Formen des Orientierungslaufs einführen? Prinzipiell könnte man bereits am Ende der Grundschulzeit beginnen, wenn sie eine Karte deuten können. Wir empfehlen jedoch, eher etwas länger, mindestens bis zur siebten oder achten Jahrgangsstufe, zu warten. Die Schüler empfinden dann die Einführung einer für sie neuen Idee als willkommene Abwechslung; zudem sind sie eher in der Lage, bei der Organisation auch selbst Aufgaben zu übernehmen – nicht nur zu suchen, sondern auch zu verstecken.

Etwas in einem unübersichtlichen, vielleicht sogar fremden Gelände zu suchen, ist aufregend. Auch ältere Schüler verlieren dabei leicht den Kopf. Deshalb – und auch aus allgemeinen Sicherheitsgründen – sollte Orientierungslaufen in der Schule zunächst nur *in Gruppen* organisiert werden. Die Gruppen sollten jedoch bald so klein sein (höchstens vier), daß sich alle aktiv an der Suchaufgabe beteiligen können. Zu Beginn sollen sich die Gruppen nach Neigung zusammenfinden, später auch zusammengelost werden.

Zum ‹richtigen› Orientierungslauf gehört der *Kompaß*. Das Orientieren mit dem Kompaß bietet zweifellos einen zusätzlichen Reiz. Allerdings sind Kompasse, die man für den Orientierungslauf gebrauchen kann, nicht ganz billig. Deshalb empfehlen wir hier nur Formen, die auch ohne Kompaß möglich sind. Notwendig ist allerdings, daß jede Gruppe eine *Uhr* hat, damit ein spätester Rückkehrtermin vereinbart werden kann.

Wenn das Laufgelände in unmittelbarer Nähe der Schule liegt, sind einige Formen in einer normalen Schulstunde (Einzelstunde) möglich. Anspruchsvollere Formen erfordern eine Doppelstunde oder eine Einheit von eineinhalb Schulstunden (67,5 Minuten) – besonders, wenn noch Wege zum Gelände zurückzulegen sind. Sehr geeignet ist die Idee «Laufen und Suchen» auch als Inhalt von Ausflügen, Wandertagen, Projektwochen, Schullandheimaufenthalten.

Die auf den folgenden Seiten beschriebenen Formen gliedern sich nach ihrer Schwierigkeit. In der aufgeführten Reihenfolge bilden sie einen *Lehrgang*, der zum sportlichen Orientierungslauf hinführt, aber vor ihm endet. Alle Formen sind so beschrieben, daß sie mit einem möglichst geringen organisatorischen Aufwand durchgeführt werden können. Der Lehrer sollte jedoch in jedem Fall das Gelände vorher erkunden.

Elementaraufgaben

Route verfolgen

Dieses ist die erste und leichteste Suchaufgabe. Je zwei Schüler erhalten eine Karte. Der Lehrer führt die ganze Klasse kreuz und quer durch das Gelände. In gewissen Abständen hält er an und läßt den Standort auf der Karte bestimmen. In der Aussprache über verschiedene Lösungen entwickeln sich erste Kenntnisse im Lesen der Karte.

Die Aufgabe kann dadurch erschwert werden, daß man verabredet, von einem Standort zum nächsten nicht in die Karte zu sehen.

Posten suchen

Für diese Form sollten in der Karte fünf bis zehn markante Punkte als Posten (z. B. mit einer Nummer) gekennzeichnet sein. Wieder läuft die ganze Klasse gemeinsam, je zwei Schüler haben eine Karte. Der Lehrer führt, die Schüler verfolgen die Route auf der Karte. An einer geeigneten Stelle ruft der Lehrer einen bestimmten Posten auf; die Schüler versuchen, ihn zu finden. Der Lehrer kommt als letzter zum Posten und führt die Klasse weiter zum nächsten Ausgangspunkt. Derselbe Posten kann auch mehrfach von verschiedenen Ausgangspunkten aus angelaufen werden.

Bei den beiden beschriebenen Formen bleibt die Klasse als Großgruppe noch zusammen. Das gibt den einzelnen Schülern Sicherheit, verführt aber auch dazu, sich auf andere zu verlassen. In den folgenden Formen sind nun die Gruppen mehr auf sich gestellt.

Heimweg suchen

Die Klasse teilt sich in Gruppen zu je vier Schülern ein; jede Gruppe hat eine oder zwei Karten. Mitten im Gelände wird nun ein markanter Startpunkt festgelegt, zu dem viele verschiedene Laufwege führen. Dieser Punkt wird gemeinsam auf der Karte bestimmt und möglichst eingezeichnet. Jetzt führt der Lehrer die Klasse zunächst einige hundert Meter von diesem Punkt weg und dann in einem großen Bogen um ihn herum: In Abständen von circa 30 Sekunden ruft er jeweils eine Gruppe auf, die nun allein den kürzesten (oder sichersten) Weg zurück zum Start suchen muß. Der Lehrer kommt nach der letzten Gruppe an.

Umkehrläufe
Das Prinzip des Umkehrlaufs wurde bereits auf Seite 34 beschrieben. Hier wird es mit Orientierungsaufgaben verbunden. Der Start sollte wieder möglichst zentral gelegen sein; von dort sollten viele Laufwege wegführen. Ein Beispiel zeigt die Abb. rechts.

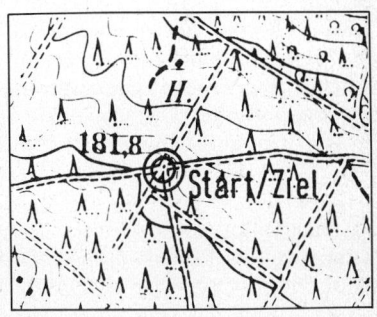

Die Schüler bilden Gruppen zu dritt oder zu viert. Jede Gruppe hat eine Uhr und läuft, geführt von einem Schüler, auf einem möglichst eigenen Weg vom Startpunkt weg. Nach drei Minuten bleibt der bisher führende Schüler stehen; ein anderer führt die Gruppe auf demselben Weg und möglichst in derselben Zeit zurück. Diese Form kann sowohl mit als auch ohne Karte durchgeführt werden. Die Umkehrzeit ist natürlich nach Gelände und Erfahrung der Schüler zu ändern.

Variante: Jede Gruppe erhält außer Uhr und Karte einen Stift und ein großes, gut sichtbares Band (z. B. einen Meter Baustellenband). Die Gruppen haben nun in einer verabredeten Zeit (z. B. drei Minuten) einen Punkt im Gelände anzulaufen, dort das Band auffällig (in einem Meter Höhe) anzubringen und den Posten in der Karte zu markieren.

Nach der Rückkehr an den Startpunkt werden die Karten mit den Markierungen unter den Gruppen ausgetauscht (verlost). Jede Gruppe läuft jetzt den von einer anderen Gruppe gesetzten Posten an und bringt zum Beweis das Band mit.

Nicht gefundene Posten werden anschließend gemeinsam unter Führung der Gruppen, die sie gesetzt haben, angelaufen. Dabei können auch ungenaue oder fehlerhafte Karteneintragungen besprochen und die Bänder eingesammelt werden.

Organisation:
Posten setzen und beschreiben

Die bisher beschriebenen Formen bilden die erste Stufe des Lehrgangs «Laufen und Suchen». Abgesehen vom Erstellen der Grundkarte ist der organisatorische Aufwand für den Lehrer gering. Die folgenden, anspruchsvolleren Formen erfordern vom Lehrer etwas mehr Vorbereitung im Gelände. Die Hauptaufgabe, die er zu lösen hat, ist das Finden und Markieren geeigneter Anlaufpunkte (Posten). Bei organisierten Orientierungsläufen wird der Beleg, daß ein Posten gefunden wurde, meistens mit Stempel oder Zange erstellt, mit denen man seine Karte markiert. Für die Schule ist das in der Regel zu aufwendig. Zwei einfachere Arten der Postenkontrolle bieten sich an:

- *Gegenstände* (kleine Kärtchen, Bänder o. ä.), die am Posten zu finden sind und zum Beweis mitgebracht werden müssen;
- *Fragen*, die nur am Posten beantwortet werden können. Die Postenkontrolle über Fragen kann bei etwas Phantasie sehr spannend und abwechslungsreich sein. Die Schüler können dadurch zugleich angeregt werden, ihre Laufumgebung bewußter wahrzunehmen. Man kann fragen nach
- auffälligen Bäumen, Pflanzen (oder eine Frucht, ein Blatt mitbringen lassen);
- Aufschriften auf Wegweisern, Angaben auf Erklärungstafeln an Lehrpfaden oder Sehenswürdigkeiten, Zahlen auf Nistkästen, Verbotsschildern;
- der Anzahl der Stufen eines Hochsitzes, der Latten eines Zaunes, der Fenster eines Hauses;
- besonderen Bodenformationen: einer Rinne, Kuhle, Böschung;
- Farben auffälliger Gegenstände;
- Umweltschäden, Abfällen...

Die Posten dürfen anfangs nicht zu weit vom nächsten Weg oder Pfad entfernt sein (Verabredung z. B.: nicht mehr als 10 Meter). Eine zusätzliche Markierung der Posten ist nicht notwendig, erhöht aber den Reiz.

Wenn die Schüler etwas Erfahrung als Orientierungsläufer haben, ist es gut, einige von ihnen jeweils an dieser Vorbereitung zu beteiligen. In der Oberstufe kann man einer Gruppe auch einmal die Postenwahl und -beschreibung allein überlassen.

Grundaufgaben

Stern-Orientierungslauf

Um einen zentralen Startpunkt sind in etwa gleich weiten Abständen Posten gesetzt. Die Mannschaften laufen die Posten nacheinander an und kommen jedesmal zum Ausgangspunkt zurück. Es können immer soviel Mannschaften zugleich auf die Strecke geschickt werden, wie es Posten gibt.
Organisationsbeispiel (36 Schüler in Dreiermannschaften; 6 Posten):
Jede Mannschaft erhält eine Karte mit den eingezeichneten Posten. Nach Organisationsplan (s. Abb. unten) werden zunächst die Mannschaften eins bis sechs, nach einer Minute die Mannschaften sieben bis zwölf gestartet. Jede Mannschaft bekommt einen Zettel mit der Frage/Aufgabe für ihren Posten mit auf den Weg; wenn sie zurückkommt und die richtige Lösung mitbringt, erhält sie den Zettel für den nächsten Posten (es müssen etwa vier Zettel für jeden Posten vorbereitet werden, damit keine Wartezeiten entstehen). Aufgabe ist, alle Posten in möglichst kurzer Zeit zu erreichen.

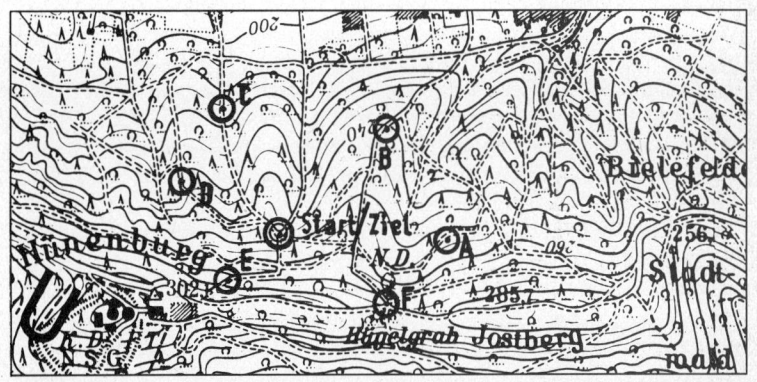

Gruppe	Posten	Zeit	Gruppe	Posten	Zeit
1. Gruppe	A B C D E F		7. Gruppe	A B C D E F	
2. Gruppe	B C D E F A		8. Gruppe	B C D E F A	
3. Gruppe	C D E F A B		9. Gruppe	C D E F A B	
4. Gruppe	D E F A B C		10. Gruppe	D E F A B C	
5. Gruppe	E F A B C D		11. Gruppe	E F A B C D	
6. Gruppe	F A B C D E		12. Gruppe	F A B C D E	

Beim Stern-Orientierungslauf ist am Startpunkt oft mehr zu tun, als der Lehrer allein schaffen kann. Er sollte sich daher ein bis zwei Schüler als Organisationshelfer suchen – eine übrigens sehr beliebte Aufgabe, besonders, wenn diese Schüler auch schon bei der Auswahl und Beschreibung der Posten beteiligt waren.

Variante (Stern-Staffel): Die Mannschaft besteht aus vier Schülern. Es werden so viele Posten wie Mannschaften gesetzt. Zunächst laufen nur zwei Schüler aus jeder Mannschaft den Posten an; wenn sie zurück sind, laufen die anderen beiden (mit der Karte und ihren guten Ratschlägen) zum selben Posten usw.

Linien-Orientierungslauf

Beim Stern-Orientierungslauf kommt man nach jedem Posten wieder zum Ausgangspunkt zurück. Beim Linien-Orientierungslauf ist die Route zwar auch noch vorgegeben, aber man läuft mehrere Posten nacheinander an, bevor man zum Start zurückkehrt. Das kann – vor allem, wenn Zweifel kommen, ob man noch auf der Route läuft – ziemlich aufregend sein. Deshalb sollten, besonders zu Beginn, die Posten leicht zu finden (nahe an einem Weg) und dicht beieinander sein (nicht mehr als 300 Meter auseinander, bei unübersichtlichem Gelände auch wesentlich weniger).

Der übliche Linien-Orientierungslauf (Abb. Seite 43 unten) hat zwei Nachteile: Es dauert sehr lange, bis alle Mannschaften auf der Strecke sind, und man kommt erst am Ende wieder zum Start zurück. Deshalb empfehlen wir vorher zwei Varianten, den «Schmetterling» und das «Rad».

Die Anordnung der Anlaufpunkte als *Schmetterling* (Abb. unten) sieht nur auf den ersten Blick kompliziert aus. Sie hat erhebliche Vorteile.

Im gezeichneten Beispiel können acht Mannschaften zugleich starten. Die Laufwege (Reihenfolge der Posten) werden den Gruppen auf einer Karte mitgegeben:

1. Gruppe:
A B C D E F G H I K
2. Gruppe:
B A K I H G F E D C
3. Gruppe:
H I K A B C D E F G
4. Gruppe:
K I H usw.

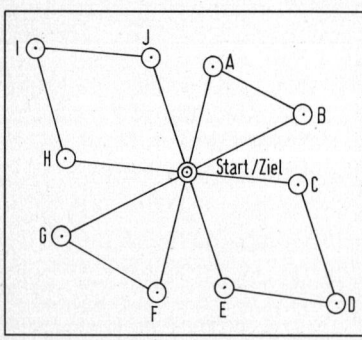

Postenkontrolle wie beim Stern-Orientierungslauf; allerdings sind jetzt die Fragen und Aufgaben mit auf die Karte (oder ihre Rückseite) gesetzt – und zwar so, daß die Antworten gleich dazugeschrieben werden können.

Grundaufgaben

Eine weitere praktische Möglichkeit ist die Anordnung der Posten in Form eines *Rads*.

Die Posten liegen wie beim Stern-Orientierungslauf; es kann sogar ein Stern-Orientierungslauf in dieser Form wiederholt werden. (Nur muß man dann natürlich die Postenkontrolle verändern.) Im gezeichneten Beispiel können sechs Mannschaften zugleich auf einer ‹Speiche› zu den Punkten A bis F laufen, danach nach Belieben im oder gegen den Uhrzeigersinn auf der ‹Felge› bis zum letzten Punkt und zurück zum Start.

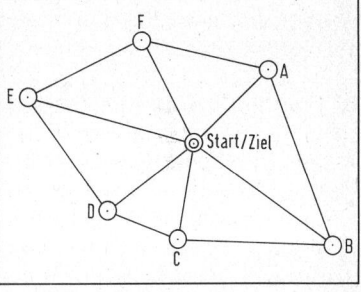

Bei der geläufigsten, aber schwierigsten Form, dem ‹normalen› Linien-Orientierungslauf müssen die Mannschaften in Abständen (je nach Gelände 30 Sekunden bis zwei Minuten) gestartet werden, da man sich sonst einfach anhängen kann. Der Ablauf kann beschleunigt werden, wenn immer zwei Mannschaften zugleich starten, eine über ABC bis G, die andere über GFE bis A.

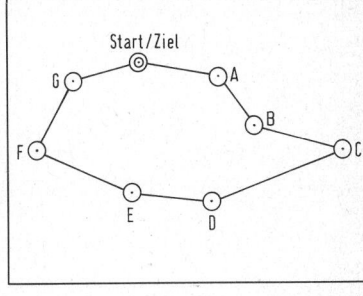

Score-Orientierungslauf

Bei dieser vielfach variierbaren Form ist der Laufweg nicht mehr vorgeschrieben. Eingezeichnet sind auf der Karte nur noch die Posten, die angelaufen werden sollen. Da bei dieser Form die Zeitunterschiede zwischen den Mannschaften sehr groß sein können, empfiehlt es sich, den Lauf mit Zeitbegrenzung durchzuführen.

Organisationsbeispiel: Die Karte enthält 10–15 Posten. Nach den Kriterien Entfernung, Höhenunterschied und Schwierigkeit des Findens werden die Posten unterschiedlich mit Punkten bewertet.

Die Schüler laufen in Dreiermannschaften mit je einer Karte und versuchen, in der gesetzten Zeit (z. B. 30 Minuten) so viele Punkte wie möglich zu sammeln. (Es sollte kaum möglich sein, alle Posten in der Zeit zu erreichen.) Die Kontrolle erfolgt wieder über Fragen bzw. Aufgaben. Für jede angefangene Minute, die sie später als nach 30 Minuten ankommen, wird ein Punkt abgezogen.

Variante: Auch bei der eben beschriebenen Form können alle Mannschaften zur gleichen Zeit starten. Es ist dann jedoch zu befürchten, daß sich manche Gruppen an andere einfach ‹anhängen›. Dies kann durch folgende reizvolle Variante vermieden werden: An jedem Posten befindet sich ein ‹Siegeszeichen› (z. B. eine Karteikarte, die mit einer Heftzwecke befestigt ist). Die Mannschaft, die einen Posten als erste findet, reißt das Kärtchen ab und bringt es zum Beweis mit. In der Schlußabrechnung bekommt jede Gruppe die Punktzahl für die Posten, deren ‹Siegeszeichen› sie hat, doppelt angerechnet.

Partner-Intervall-Orientierungslauf

Dies ist die erste Form, bei der die Schüler lernen, sich auch einmal über eine kurze Strecke allein im Gelände zu orientieren. Im Gelände sind sechs bis acht Posten in Abständen von je höchstens 400 Metern zu bestimmen, die durch einen gut zu findenden Laufweg miteinander verbunden sind. Von jedem Posten zum nächsten muß aber auch ein etwas schwieriger zu findender Umweg führen.

Es werden zwei Karten angefertigt. Auf Karte 1 ist von A nach B der leichte, von B nach C der schwerere Weg eingezeichnet usw.; auf Karte 2 ist es umgekehrt. Die Schüler laufen in Zweiergruppen in Abständen von einer Minute. Ein Partner hat jeweils die Karte 1, der andere die Karte 2. An jedem Posten trennen sie sich und treffen sich am nächsten wieder. Der Partner, der jeweils den leichteren Weg hat, kann dem anderen durch Rufen helfen. Wenn sie am letzten Punkt angekommen sind, tauschen sie die Karten, und jeder läuft auf dem Weg des anderen zurück.

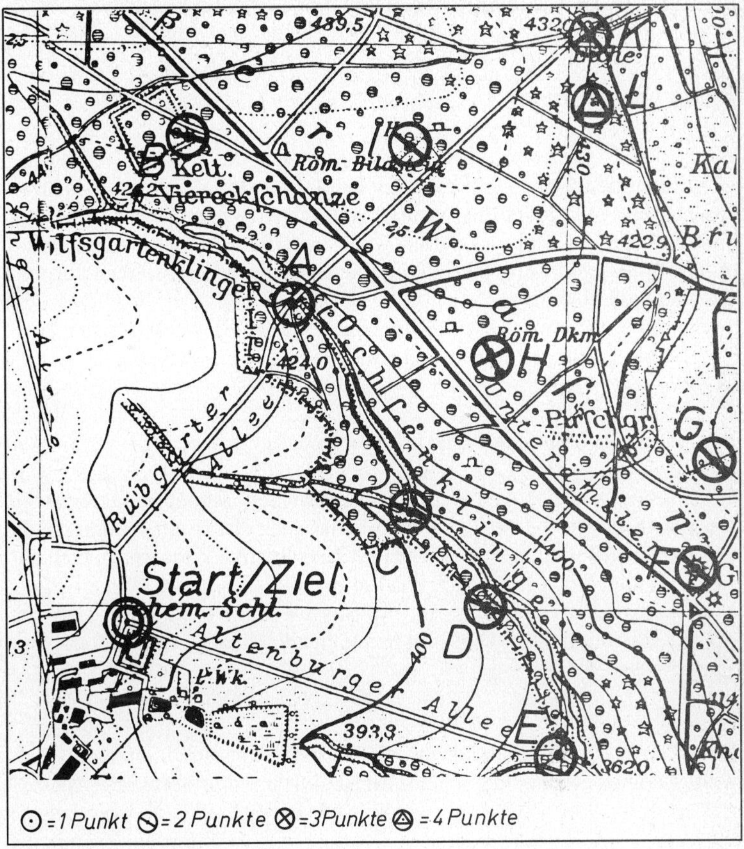

Grundaufgaben

⊙ =1 Punkt ⊘ =2 Punkte ⊗ =3 Punkte △ =4 Punkte

Score-Orientierungslauf

Partner-Intervall-Orientierungslauf

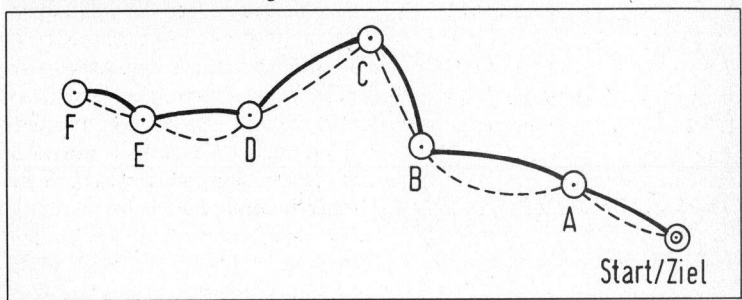

Schnell laufen

Sich verbessern

Kurze Strecken schnell laufen zu können ist eine der großen Herausforderungen des Sports. Schon Kinder lassen sich gern auf sie ein; auch in ihrem freien Bewegungsleben beobachten wir immer wieder kleine Spiele und Wettbewerbe, in denen es darum geht, wie schnell sie laufen können. In vielen Sportarten ist die Laufschnelligkeit eine wichtige Grundlage für Freude und Leistung.
In diesem Kapitel werden zunächst grundlegende Hinweise dazu gegeben, wie wir die Laufschnelligkeit von Kindern und Jugendlichen fördern können.

Zum Sprinter wird man nicht nur geboren!

Noch immer hält sich das Vorurteil, die Fähigkeit, schnell zu laufen, sei in die Wiege gelegt. Wie viele Vorurteile hat auch dieses einen berechtigten Kern: Anlagebedingte körperliche und koordinative Voraussetzungen entscheiden über die Sprintfähigkeit in hohem Maße. Dennoch müssen Übung und Training nicht umsonst sein – vorausgesetzt, es wird das Richtige gemacht. Und das ist gerade bei der Schnelligkeit leicht zu verfehlen; denn:

Sprinten lernt man nicht nur durch Sprinten

Die «Ganzheitsmethode» ist für die Verbesserung der Laufschnelligkeit nicht geeignet. Wer seine Schüler immer nur um die Wette oder auf Zeit laufen läßt, fördert sie dadurch kaum. Die wichtigsten Grundlagen der Laufschnelligkeit sind Koordination und Kraft. Den Anteil der vier Hauptfaktoren der Laufschnelligkeit an der Leistung eines 12- bis 14jährigen im 75-m-Lauf zeigt schematisch die Abb. links.

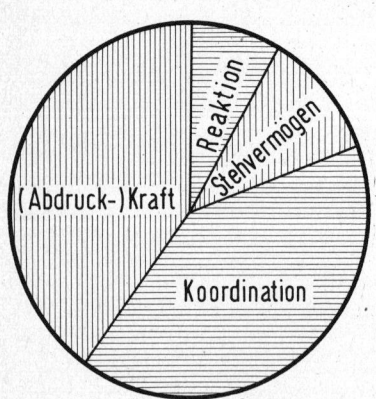

Fehler in der Koordination verfestigen sich leicht beim Laufen unter der Anforderung ‹möglichst schnell›! Die Kraft, die man zum Schnellauf braucht, entwickelt sich durch Schnellauf selbst nicht sehr wirksam.

Koordinationsläufe – besonders für Kinder

Unter den beiden wichtigsten Grundlagen der Laufschnelligkeit ist zunächst vor allem auf die Koordination zu achten. Bis zum Einsetzen der Pubertät ist sie wirksamer zu verbessern als die Kraft; Eigenheiten und Fehler, die wir bei Jugendlichen beobachten, sind schwerer zu beeinflussen. Die Laufkoordination entwickelt sich zunächst am besten durch jene vielfältigen Formen des Laufens, die im «ABC des Laufens» zusammengestellt sind. Sie sollten bis zum Ende der Schulzeit regelmäßig wiederholt und fortgeführt werden.

Auch das ausdauernde Laufen ist eine wichtige Möglichkeit, die Laufkoordination für einen Schnellauf zu verbessern. Hinweise dafür, wie man im Jugendalter bestimmten Fehlern gezielt begegnen kann, sind in der Tabelle 1 zusammengefaßt.

Tabelle 1: Häufige Fehler beim Schnellauf

Fehler	Übungen und Hinweise zur Korrektur
(1) Der Fuß wird nicht auf dem Ballen, sondern flach oder sogar auf der Ferse aufgesetzt. Dadurch tritt eine unerwünschte Bremswirkung ein; außerdem ist der Abdruck schlechter. Häufig verbunden mit Fehler 4.	*Lauf-ABC:* Bergauf- und Treppenlaufen, Fußexperimente, Fußgelenkslauf. Hüpfen am Ort mit betonter «Fußarbeit», Sprunglauf, Übungen zur Körpervorlage, vgl. (4).
(2) Die Füße werden mit auswärts gerichteten Fußspitzen aufgesetzt.	*Lauf-ABC:* Richtungsänderungen, Fußexperimente, Hopserlauf, Sprunglauf. Skippings auf der Linie.
(3) Der Kniehub ist zu schwach; meistens ist zugleich der Abdruck (Streckung im Fußgelenk) unausgeprägt.	*Lauf-ABC:* Bergauflaufen, Beinexperimente, Hopserlauf, Skippings, Sprunglauf, Überkreuzen seitwärts und vorwärts. Kastentreppe, vgl. auch Tab. 2.
(4) Die Körpervorlage ist zu gering: ‹Sitzen› (keine Abdruckstreckung, Rücklage) oder Vorlage nur des Oberkörpers.	*Lauf-ABC:* Auf und Ab, Steigerungsläufe, Rumpfexperimente (besonders Spiel mit dem Tempo), Pendellauf.
(5) Die Schultern sind verkrampft; die Arme werden nicht in Laufrichtung, sondern vor dem Körper geführt. Oft sind zugleich der Oberkörper und der Kopf unruhig (auch: Kopf im Nacken).	*Lauf-ABC:* Kopfexperimente, Richtungsänderungen, Arm- und Handexperimente, Skippings, Hopserlauf (betonte Armarbeit; auch: Doppelarmkreis), bergab laufen. Ausdauerndes Laufen und Schnellauf unterhalb der Höchstgeschwindigkeit, Armarbeit im Stand. (Zusatzaufgabe: auf ein Ziel sehen!)

Kraftläufe – besonders für Jugendliche

Für den Schnellauf braucht man vor allem Abdruckkraft; sie besteht in der Fähigkeit, sich mit den Beinen schnellkräftig nach vorn oben abzudrücken. Diese Form der Kraft kann schon bei Kindern verbessert werden; die Wirksamkeit entsprechender Übungen nimmt allerdings mit dem Beginn der Pubertät deutlich zu. Möglichkeiten, die Abdruckkraft durch laufnahe, interessante Übungen gezielt zu verbessern, sind in Tabelle 2 zusammengestellt.

Tabelle 2: Wie man die Kraft für den Schnellauf verbessern kann

Aufgaben	Beispiele
(1) die Schritte vergrößern	Hopserlauf mit betont langen Hopsern. Sprunglauf: Wie weit kommt ihr mit 10 Schritten?
(2) Starten: aus der Ruhe in die Höchstgeschwindigkeit	Antritte über 10 bis 20 m aus verschiedenen Ausgangslagen: Hockstand, Bauchlage, Sitz (vgl. auch «Schwarz-Weiß» S. 50) Alle Formen des Starts (vgl. Lehrgang «Start»). Spiele, die schnelle Starts erfordern, vgl. Kap. «Starten».
(3) auf weichem Boden	Skippings auf Weichboden-Matten. Kurze Sprints im weichen Sand.
(4) gegen Widerstand oder mit Gewicht	Sprinten gegen den leichten Widerstand eines Partners von hinten an der Hüfte (besser: mit einem Sprungseil oder Deuserband). Auf Ganzkörperstreckung achten! Laufen mit Partner im Huckepack, Mattentragestaffel (S. 52). Kurze Sprints bei starkem Gegenwind.
(5) bergauf	Kurze Sprints (bis 30 m). Treppen mit großen Schritten (2–3 Stufen) hinaufsprinten. Kastentreppe (Abb. S. 73).

Was üben «Reaktionsübungen»?

Lehrbücher und Anleitungen für den Sprint enthalten meistens auch Übungen, die die Reaktion verbessern sollen: Auf verabredete Zeichen soll möglichst schnell angetreten, zu einem bestimmten Ziel gelaufen werden usw. Einige dieser Übungen sind anregend und machen Spaß. Man sollte sich jedoch über ihre Wirkungen nicht täuschen: Die Fähigkeit, auf ein Zeichen schnell zu reagieren, ist wenig trainierbar – auch die sogenannten Reaktionsübungen wirken vorwiegend auf die Koordination und (da bei ihnen meistens der Körper aus der Ruhe beschleunigt werden muß) hauptsächlich auf die Kraft. In diesem Sinn sind sie daher auch im Kapitel «Starten» berücksichtigt.

100 Meter ist eine kurze Mittelstrecke

Sprinter brauchen etwa 30 bis 40 Meter, um eine hohe Geschwindigkeit zu erreichen; etwa ebenso lange können sie sie halten, dann fällt sie wieder ab. Wie stark sie abfällt, hängt von ihrem «Stehvermögen», einer Variante der anaeroben Ausdauer ab. Bei Kindern und – sofern sie nicht sehr gut trainiert sind – auch Jugendlichen läßt die Geschwindigkeit im Sprint schon früher nach.
Intensives Training der anaeroben Ausdauer ist bei Kindern und wenig trainierten Jugendlichen problematisch (vgl. Seite 31); zudem verstärken sich in der Phase der nachlassenden Geschwindigkeit bei ihnen leicht die typischen Fehler und Verkrampfungen des Schnellaufs (vgl. Tabelle 1). Die in den Lehrbüchern und Lehrplänen, aber auch den Ausschreibungen für die Bundesjugendspiele vorgesehenen Laufstrecken sind für die meisten Schüler zu lang, als daß sie sie im Sprint zurücklegen könnten. In Spiel-, Übungs- und Trainingsformen, Testläufen und Wettkämpfen bei Schülern sollte die Laufstrecke in der Regel nicht über die Phase der Höchstgeschwindigkeit hinausgehen. 30, 50, 60, 75 Meter – das sind Sprintstrecken für Schüler.

Sich erproben und vergleichen

Im vorigen Kapitel sind Möglichkeiten zusammengestellt, wie man die Laufschnelligkeit von Schülern wirksam verbessern kann. Der Unterricht darf sich jedoch darauf nicht beschränken. Schüler müssen auch Gelegenheit haben, ihre Fortschritte zu kontrollieren und sich im Lauf über kurze Strecken mit anderen zu vergleichen.
In diesem Kapitel sind zehn Beispiele, zum Teil mit Varianten, aufgeführt,

wie man diese Gelegenheiten gestalten kann. Durchweg sollten dabei die Strecken so kurz bleiben, daß sie noch im Sprint zurückgelegt werden können. Unter den beschriebenen Formen sind solche, in denen jeder für sich läuft, und solche, in denen Mannschaftsleistungen verglichen werden, etwa gleich vertreten. Wir empfehlen, beides ausgewogen zu berücksichtigen. Die Beispiele sind nach ihrer Schwierigkeit und ihrer Eignung für verschiedene Altersstufen geordnet. Die ersten fünf Formen (Eckenwechseln, Starthasche, Schwarz-Weiß, Kreis gegen Kreis, Nummernwettlauf) eignen sich bereits für die Grundschule, aber auch später noch; die letzten drei (Mattentragestaffel, Testsprints, Sprint-Cup) sind mehr für das Ende der Sekundarstufe I gedacht.

Eckenwechseln

In den Ecken eines Quadrats mit 15 bis 20 Meter Seitenlänge werden Felder markiert, in denen je ein Viertel der Schüler Platz findet. Auf ein Zeichen laufen alle Gruppen in vereinbarter Richtung zur nächsten Ecke. Gewonnen hat jeweils die Gruppe, die als erste geschlossen in ihrem neuen Feld sitzt. Die Felder sollten so klein sein, daß es auch darauf ankommt, wie die Gruppen sich taktisch verhalten.

Starthasche

Die ganze Klasse steht an einer Linie mit dem Gesicht in Laufrichtung, die Arme hinter dem Rücken. Der Lehrer trabt hinter ihnen hin und her, legt einem Schüler ‹heimlich› z. B. seinen Schlüsselbund in die Hand. Dieser wartet kurz oder sprintet sofort los. Die übrigen versuchen, ihn zu erhaschen, bevor er die gegenüberliegende Seite erreicht hat. Dieses Spiel ist nur in großen Spielhallen oder im Freien anwendbar, da die Fänger bei kurzen Distanzen wenig Chancen haben.

Schwarz-Weiß

Die Klasse teilt sich in zwei Gruppen, die sich im Abstand von circa ein bis drei Metern beiderseits einer Linie (z. B. Mittellinie des Handballfeldes) mit Blick zueinander aufstellen. Im Abstand von 15 bis 20 Metern werden auf beiden Seiten ‹Rettungslinien› (z. B. die Torauslinien) bestimmt. Bei Zuruf «Weiß» versucht jeder aus der ‹weißen› Mannschaft, hinter die Rettungslinie zu fliehen. Die ‹Schwarzen› versuchen, sie noch vorher abzuschlagen.
Dieses Spiel sollte mehrmals wiederholt werden. Dabei kann man die Ausgangspositionen variieren: Bauchlage, Rückenlage, Sitz usw. Die Abstände sind so zu verändern, daß die Wahrscheinlichkeit, sich zu retten bzw. ein Mitglied der anderen Seite vor der Rettungslinie abzuschlagen, etwa 1:1 beträgt. Statt des Zurufs kann auch ein Pappdeckel mit einer schwarzen und einer weißen Seite zwischen die Mannschaften geworfen werden.

Kreis gegen Kreis

Die eine Hälfte der Klasse läuft als Innenkreis, die andere im Abstand von ein bis zwei Metern als Außenkreis in entgegengesetzter Richtung. Auf ein Zeichen (Zuruf, Aussetzen der Musik) fliehen die Schüler des Außenkreises zu den Schmalseiten der Halle, des Feldes oder zu vorher bestimmten besonderen Rettungspunkten. Nach mehrmaliger Wiederholung wechseln Innen- und Außenkreis.

Nummernwettlauf

Vier Turnbänke werden in Sternform aufgestellt. Auf jedem sitzen etwa gleich viel Schüler. Diejenigen, die auf jeder Bank der Mitte am nächsten sitzen, erhalten die Nummer eins, die nächsten die Nummer zwei usw. Nun werden in willkürlicher Reihenfolge einzelne Nummern aufgerufen. Alle Schüler mit der aufgerufenen Nummer laufen so schnell sie können gegen den Uhrzeigersinn um alle Bänke herum und wieder zurück auf ihren Platz. *Variante:* (Nummern- oder Buchstaben-Lauf). Die Schüler stehen in Reihen nebeneinander. Jede Reihe erhält einen Buchstaben (A, B, C ...), in jeder Reihe werden die Schüler wieder durchgezählt. Bei Aufruf «B» umlaufen alle Schüler der Reihe B ihre Partner der anderen Reihen mit der gleichen Zahl; bei Aufruf einer Zahl wird die ganze Reihe umlaufen.

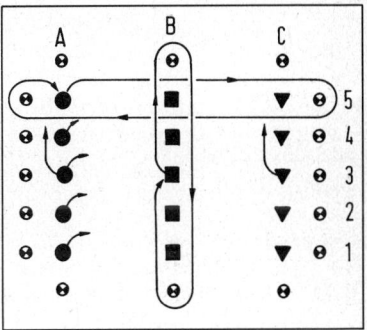

Das Aufrufen von Zahlen und Buchstaben im Wechsel erhöht die Spannung; auf diese Weise laufen alle mehrmals gegen verschiedene Konkurrenten.

Zonensprints

Bei diesem Mannschaftswettkampf geht es um Laufschnelligkeit und Selbsteinschätzung. Es werden vier bis sechs Mannschaften gebildet, die hinter einer gemeinsamen Startlinie stehen. Vor den Mannschaften werden mit Linien, Pylonen oder Fähnchen drei bis fünf Zonen von je circa ein bis zwei Metern Breite markiert. Die Läufer haben zehn Sekunden Zeit, einen Tennisring in eine der Zonen zu legen und wieder hinter die Startlinie zurückzulaufen. Anfang und Ende der Zeit wird durch ein lautes Zeichen (Gong, Pfeife) angegeben. Wer es in der Zeit schafft, erhält für seine Mannschaft für die erste Zone einen Punkt, für die folgende zwei Punkte usw. Kommt er nicht rechtzeitig zurück, geht die Mannschaft leer aus.
Vor Beginn des Wettkampfs sollte jeder Schüler mindestens einen Probe-

durchgang haben; im Wettkampf sollten mehrere Durchgänge gemacht werden, damit die Schüler ihre Selbsteinschätzung verbessern können. Dabei müssen die Zonen so gelegt werden, daß jeder Schüler mindestens die erste Zone erreichen kann und die letzte Zone auch für die schnellsten Läufer eine Herausforderung ist. Die Zonen müssen so schmal sein, daß es nicht aussichtslos ist, auch einmal die nächst weitere zu versuchen.

Staffelhasche
Eine Mannschaft A befindet sich in einer Hälfte des Handballfeldes. Außerhalb des Feldes steht Mannschaft B. Auf Kommando sprintet der erste Schüler von Mannschaft B in das Feld und versucht, ein Mitglied der Mannschaft A abzuschlagen. Der Gefangene muß sich hinsetzen, der Fänger rennt aus dem Feld, und der zweite kommt herein, usw. Sitzen alle von A auf dem Boden, d. h., ist jeder von B einmal Fänger gewesen, werden die Aufgaben getauscht. Welche Mannschaft hat die andere in der kürzeren Zeit abgeschlagen (Stoppuhr)?

Mattentragestaffel
Dieses ist eine Form, bei der durch eine Zusatzlast vor allem die Sprintkraft trainiert wird. Es werden Mannschaften mit je fünf Mitgliedern gebildet. Vier tragen eine Turnmatte an den Schlaufen, der fünfte liegt darauf. Die Mannschaften laufen nun von der Startlinie zum Ziel (maximal 30 Meter), dort wird der Getragene ausgewechselt; er übernimmt nun eine Schlaufe. Alle fünf Mitglieder sind einmal zu tragen. Da diese Form recht anstrengend ist, empfiehlt es sich, die Schwereren zuerst zu befördern.

Testsprints
Die Schüler sollten, beginnend etwa mit dem fünften Schuljahr, regelmäßig die Gelegenheit bekommen, kurze Strecken ‹auf Zeit› zu laufen, damit sie ihre Entwicklung verfolgen können. Wir empfehlen, Testläufe über 30 bis 50 Meter zwei- oder dreimal im Jahr durchzuführen, und zwar mehrfach auf derselben Laufstrecke. (Die Laufstrecke kann natürlich auch einmal durch eine Kurve oder leicht bergab gelegt werden.)
Etwa mit dem achten Schuljahr sollte Gelegenheit gegeben werden, dieselbe Laufstrecke ‹fliegend› mit Zeitkontrolle zu laufen. So ermittelt man die Grundschnelligkeit. Die Differenz zwischen ‹fliegender› Zeit und Zeit mit Start sagt viel über die Starttechnik und noch mehr über die Kraft aus. Zur Orientierung: sehr gut sind Werte unter eineinhalb Sekunden.

Sprint-Cup
Wer ist denn nun der Schnellste in der Klasse? In Vierergruppen (Zusammensetzung nach Los) wird (je nach Jahrgang über 30 bis 60 Meter) der Zieleinlauf ermittelt. Dann laufen die Ersten, die Zweiten usw. gegeneinander in jeweils einem Lauf um die Meisterschaft in ihrer Laufklasse.

Staffeln laufen

Der ursprüngliche Sinn der Staffel ist der Stafettenlauf: Eine Botschaft oder ein Gegenstand muß möglichst schnell einen Zielort erreichen; daher wechseln sich mehrere Boten ab. Darin liegt, wie z. B. die olympische Fakkelstafette von Olympia zum jeweiligen Austragungsort der Spiele erkennen läßt, bis heute auch noch für Erwachsene eine besondere Faszination. Der Sinn der Stafette ist allerdings in den üblichen leichtathletischen Staffeln nicht mehr gut zu erkennen, da das Holz im Kreis herum oder sogar hin und her getragen wird. So gesehen, sind Pendel- und Rundenstaffeln von ihrer ‹Spiel-Idee› her nicht so verständlich wie die Stafette, daher wohl auch für Kinder zunächst weniger einleuchtend. Die Idee der leichtathletischen Staffeln ist abstrakter: Einzelne Laufleistungen werden derart zu Gruppenleistungen addiert, daß während des Wettbewerbs jederzeit ein Vergleich der Gruppen miteinander möglich ist.

Unter diesen abstrakteren Staffeln gelten die Pendelstaffeln weithin für kindgerechter. Dieses Urteil gründet sich wohl auf die Tatsache, daß sie eher auf kleinem Raum durchgeführt werden können, der Lehrer daher das ganze Geschehen besser im Auge hat und jederzeit helfend und korrigierend eingreifen kann. Allerdings wird dieser Vorteil mit dem erheblichen Nachteil erkauft, daß bei der Übergabe der Stab die Richtung wechselt und dieser Wechsel daher riskanter ist als der in einer Rundenstaffel.

Dieses Kapitel enthält Hinweise zu Stafetten, Pendel- und Rundenstaffeln. Die Reihenfolge der Darstellung entspricht nicht notwendigerweise der Reihenfolge der Einführung im Unterricht. Insbesondere ist die Pendelstaffel keine notwendige Vorübung für die Rundenstaffel. Wir empfehlen vielmehr, je nach Laufgelände und Voraussetzungen der Schüler alle drei Formen nebeneinander einzuführen. Eine etwas eingehendere Beschäftigung mit der Wechseltechnik empfehlen wir nur für die Rundenstaffel.

Stafetten

Der Gedanke der Stafette wird besonders einleuchtend, wenn eine größere Gruppe, z. B. die ganze Klasse, eine ‹Botschaft› über eine längere Entfernung trägt. Dabei ist es gar nicht notwendig, daß mehrere Mannschaften gegeneinander laufen. Die Aufgabe, z. B. beim Aufenthalt im Schullandheim als Klasse eine Insel im Lauf zu umrunden oder die Marathonstrecke unter vier Stunden zu schaffen, reizt auch ohne Gegner. Dabei muß wie bei allen Stafetten die Gesamtstrecke nicht unbedingt in gleich große Teilstücke zerlegt, sondern kann auch individuell eingeteilt werden.

Der Gedanke der Stafette kann auf kürzere Strecken (auch Geländestrekken) oder auf die Rundbahn übertragen werden. Er fasziniert dann jedoch nur, wenn mehrere Mannschaften miteinander um die Wette laufen. Dabei sind bei etwas Fairness keine eingezeichneten Bahnen und keine Kurvenvorgaben nötig, wenn dabei Behinderungen und Rempeleien auch nicht ganz ausgeschlossen werden können. Auf der Rundbahn können natürlich auch mehrere Runden gelaufen und alle Läufer mehrfach eingesetzt werden. Dabei ist jedoch zu beachten, daß die Teilstrecken der einzelnen Läufer keine Mittelstrecken werden (vgl. Kapitel «Ausdauernd laufen», Kapitel «Schnell laufen»).

Pendelstaffeln

Diese bekannte Organisationsform eignet sich nur für Sprintstaffeln. Die Streckenlänge für einen Läufer sollte altersentsprechend nicht länger als 40 bis 60 Meter sein (vgl. Kapitel «Schnell laufen»).
Wenn die Mannschaften ausgeglichen sind, können auch zwei bis drei Durchgänge ohne Pause gelaufen werden. Damit nicht vorzeitig abgelaufen wird, sollte die Ablöse bald mit dem Staffelstab durchgeführt werden. Der annehmende Läufer steht links von der Fahne und hält zur Stabannahme den rechten Arm um die Stange herum.
Varianten der Pendelstaffel sind die *Wendestaffel* (jeder Läufer umläuft eine Wendemarke und kehrt zu seiner Mannschaft zurück) und die *Begegnungsstaffel*.

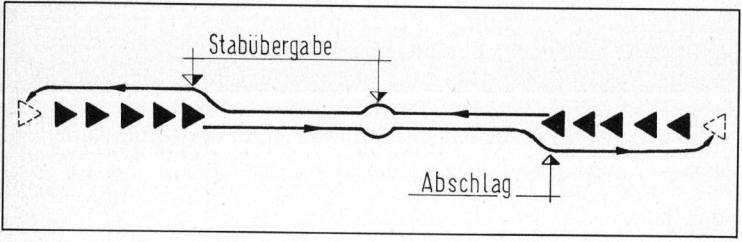

Der Reiz der Begegnungsstaffel liegt darin, daß der Beitrag des einzelnen Läufers zur Mannschaftsleistung nicht genau abgeschätzt werden kann. Die Aufstellung ist wie bei der Pendelstaffel. Auf Startzeichen laufen die ersten Läufer aller Mannschaften von beiden Seiten aufeinander zu; am Treffpunkt übergeben sie den Staffelstab und laufen, jeder zu seiner Seite, zurück. Dort lösen sie die beiden nächsten Läufer ab; der eine mit dem Stab wie bei der Pendelstaffel, der andere durch Abschlag mit der Hand usw.

Rundenstaffeln

Wenn eine leichtathletische Rundbahn zur Verfügung steht, sollte spätestens in der Jahrgangsstufe acht die Rundenstaffel mit dem dazugehörigen Wechsel eingeführt werden. Dabei empfiehlt es sich, zunächst kleinere Strecken und mehr Wechsel zu laufen (z. B. 8 × 50 Meter; 6 × 66 Meter). Auf die genauen Kurvenvorgaben an den Wechseln kommt es nicht an; es genügt, wenn die Vorgaben der Startläufer stimmen. Auch Wechselräume sind zunächst nicht notwendig. Wenn keine Rundbahn vorhanden ist, kann auch auf einer geraden Laufbahn eine Staffel gelaufen werden, bei der der Stab wie bei der Rundenstaffel übergeben wird (Umkehrstaffel, Abb. unten).
Die Mannschaften teilen sich wie bei der Pendelstaffel in Hälften; der Läufer umläuft jedoch eine Wendemarke hinter der anderen Mannschaftshälfte und übergibt von hinten an den ersten, der seitlich heraustritt, und stellt sich wieder hinten an. Mit dieser Form, die auch als Endlosstaffel gelaufen werden kann, ist es möglich, die Grundmerkmale des ‹sportlichen› Stabwechsels einzuführen. Mit zunehmender Sicherheit in der Stabübergabe kann auch ein Wechselraum eingeführt werden. Dann sollten jedoch die Mannschaftshälften in die Mitte zusammenrücken, damit der abgebende Läufer nach der Wendemarke schon wieder Sprinttempo hat. Die Laufstrecken für die einzelnen Läufer sollten auch hier nicht über 60 Meter liegen. Schwierigkeiten bereitet die scharfe Wende am Umkehrpunkt; daher empfiehlt sich diese Staffelart nur auf trockenem Boden.

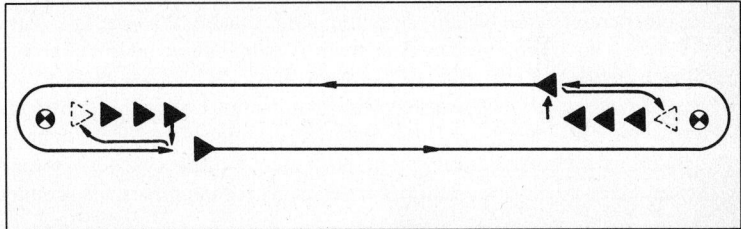

Der Wechsel

Es empfiehlt sich, für die Runden- und Umkehrstaffeln in der gesamten Klasse dieselbe Wechselform einzuführen: den Außenwechsel (Abgabe mit der linken, Annahme mit der rechten Hand) mit der Stabübergabe von unten nach oben. Dieses ist die leichteste Form; wenn sie von allen

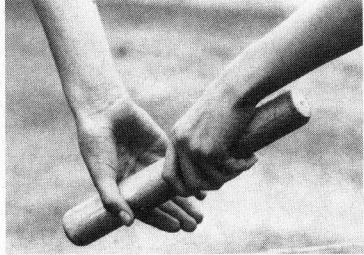

beherrscht wird, können Staffeln immer wieder in unterschiedlicher Mannschaftsaufstellung gelaufen werden.

Beim Wechsel müssen zwei Teilaufgaben gelöst werden: das «Timing» des Antritts und die Stabübergabe. Es empfiehlt sich, beide Aufgaben zunächst unabhängig voneinander einzuüben. Wir schlagen folgende Schritte vor:

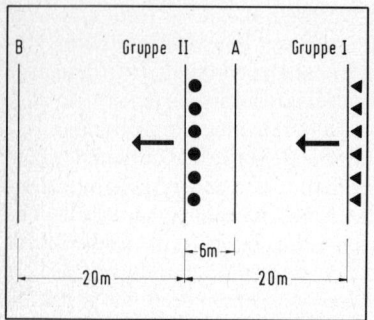

- *Ablaufübung ohne Stab:* Auf Zeichen (Pfiff) startet Gruppe I. Die Läufer der Gruppe II starten, wenn ihre Partner die Linie A erreichen. (Anfangs gegebenenfalls Unterstützung durch zweiten Pfiff!) Wer wird bis B eingeholt? Mehrfach wiederholen und Partner wechseln.

- *«Timing»:* Aufstellung entsprechend der Abb. oben; Wechselpaare bilden, die zusammenbleiben. Die neue Aufgabe für jedes Paar ist es nun, sich vor Linie B in möglichst hoher Geschwindigkeit zu treffen (Abschlag auf dem Rücken). Dazu wird die Linie A durch die individuelle Startvorgabe ersetzt; sie wird in Gehschritten (ungefähr sechs) oder genauer in Fußlängen (meistens zwischen 16 und 20) abgemessen.

Jeder Partner übt beide Rollen, Annahme und Abgabe. Wichtig: Die ‹Verantwortung› für das «Timing» liegt beim annehmenden Läufer, der auf Sicht zum richtigen Zeitpunkt voll antreten muß!

- *Staffeln ohne Stab:* Die ‹eingewechselten› Paare werden zu Mannschaften für eine Runden- oder Umkehrstaffel zusammengestellt. Sie einigen sich auf eine Laufreihenfolge. Die noch nicht eingewechselten Partner holen dieses nach. Staffeln mit kurzen Laufstrecken mehrmals wiederholen!

- *Stabübergabe* (vgl. Foto Seite 55): Sie wird zunächst im Stand, dann im Gehen, dann im Traben, zuletzt im Sprint geübt (Organisation nach Abb. oben). Wichtig: Der annehmende Läufer sieht nicht nach hinten! Er schwingt den rechten Arm erst auf Zuruf seines Partners zur Stabannahme zurück und sieht dabei weiter in Laufrichtung.

- *Staffeln mit Stabübergabe* (Vgl. Seite 55 «Rundenstaffeln»)

Starten

Unter Starten versteht man den Beginn eines Laufs. Daher sollte man den Start nicht als eine isolierte Fertigkeit auffassen, sondern ihn immer im Zusammenhang mit dem eigentlichen Lauf sehen. So ist der Tiefstart der erste Schnellauf-Schritt und der Hochstart der erste Schritt einer Mittel- oder Langstrecke. Die Frage, ob der Anfänger in der leichtathletischen Grundschule überhaupt einen Nutzen vom eigens eingeübten Start hat, erübrigt sich deshalb, weil die Kinder diese eindrucksvolle Technik ausführen wollen. In ihren Augen gehört zu einem ‹richtigen› Lauf auch ein ‹richtiger› Start. Auch die Tatsache, daß der Hochstart bei vielen Anfängern schneller ist als der Tiefstart, soll hier nicht weiter erörtert werden.

Keiner unserer Schüler käme auf die Idee, bei einem richtigen Schnellauf-Wettbewerb aus dem Hochstart abzulaufen. Das hängt auch damit zusammen, daß die beiden Arten des Startens nicht nur Techniken zur optimalen Gestaltung des Laufbeginns sind, sondern auch normierte Formen, die für alle Teilnehmer gleiche Startbedingungen schaffen sollen und «Fehlstarts» als Abweichung von dieser Form erkennen lassen.

Hochstart (vgl. Bildreihe oben)

Diese Ablaufposition ist als ‹leichte Schrittstellung› zu kennzeichnen; das Körpergewicht liegt durch eine geringe Rumpfvorlage stärker auf dem vorderen Bein. Aus dieser Stellung kann man zwar nicht optimal beschleunigen (deshalb benutzen heute auch viele 800-m-Läufer den Tiefstart), aber es ist so einfacher, eine günstige Position im ablaufenden Feld zu finden. Am Hochstart selbst gibt es nicht viel zu üben; viele der Formen der Kapitel «Schnell laufen» und «Staffeln laufen» bieten Gelegenheiten, ihn anzuwenden.

Tiefstart (vgl. Bildreihe unten)

Das Hauptziel des Tiefstarts besteht nicht darin, so schnell wie möglich wegzukommen. Wenn das so wäre, müßte man nur aus einer sehr weiten Öffnung der Winkel zwischen Ober- und Unterschenkel ablaufen. Die Startstreckung der Beine (und damit das Lösen von den Blöcken) wäre so sehr schnell zu erreichen.

Es geht aber beim Tiefstart vor allem darum, einen möglichst großen Kraftstoß auf den Körperschwerpunkt in Laufrichtung zu erzeugen, und

dazu muß die Streckkraft der Beine auch möglichst lange auf den Körperschwerpunkt wirken. Das wiederum ist am besten durch eine sehr starke Beugung der Kniegelenke in der «fertig»-Position zu erreichen. Es leuchtet ein, daß zwischen diesen beiden Teilzielen (möglichst schnell wegzukommen und einen möglichst großen Impuls in Laufrichtung zu erzeugen) ein optimaler Kompromiß gefunden werden muß. Dieser Kompromiß liefert die Kriterien für den ‹richtigen› Tiefstart, die vor allem bei der Position «fertig» erfüllt sein müssen: Vorspannung im ganzen Körper, günstiger Arbeitswinkel der Beine, Voraussetzungen für den Ablauf in starker Vorlage. In den folgenden Abschnitten werden Überlegungen und Übungsformen beschrieben, die die einzelnen Fragen nach einer korrekten Starttechnik erschließen und beantworten helfen.

Welches Bein soll beim Tiefstart vorn sein?

Die geläufige Antwort ist: das stärkere Bein, das Sprungbein, soll vorn sein. Abgesehen von der Tatsache, daß viele Schüler ihr Sprungbein noch gar nicht entdeckt haben, ist dieser Ratschlag auch aus anderen Gründen problematisch:
– Dreiviertel aller Leichtathleten starten mit dem linken Bein vorn; viele von ihnen springen aber rechts.
– Es ist nicht klar, ob das Sprungbein tatsächlich auch das stärkere Bein ist – vielleicht nur das geschicktere?
– Die genaue Analyse des Startablaufs zeigt, daß das hintere Bein höhere absolute Kraftwerte zu entwickeln hat, das vordere Bein aber über einen längeren Zeitraum Kraft entfalten muß. Wozu braucht man nun das stärkere Bein?

Diese Überlegungen machen die Beantwortung unserer ersten Frage unsicher. Unsere Erfahrungen haben gezeigt, daß es für die Läufer eine ‹reine Gefühlssache› ist, welches Bein in der Kauerstellung vorne sein soll. Diese Entscheidung kann über folgende Übungsfolge gefunden werden:

- Traben – im Traben mit beiden Händen kurz den Boden berühren – weitertraben
- Traben – kurz niederkauern – weitertraben
- Traben – Sprung mit halber Drehung in die Kauerstellung – starten

(Jetzt werden Zeichen verabredet für das Niederkauern und Weiterlaufen.)

- Traben – Pfiff: Niederkauern – Pause – Pfiff: Start (mehrfach wiederholen; die Pause zwischen Niederkauern und Startpfiff wird verlängert; der Lehrer achtet nun schon darauf, welches Bein die Schüler unbewußt nach vorn genommen haben)
- Die Schüler werden in der Pause vor dem Startpfiff auf ihr vorderes Bein aufmerksam gemacht.

Wie groß soll der Abstand zwischen der Startlinie und dem vorderen Block sein?

Der Abstand von der Startlinie zum vorderen Block entscheidet über das Maß der Vorlage in der Position «fertig». Welche Vorlage aber für den Läufer günstig ist, hängt von seiner Schnellkraft ab. Bei noch wenig ausgeprägter Schnellkraft sollte der Abstand eher kürzer (eineinhalb Fußlängen) sein; das bewirkt zwar ein schnelleres Aufrichten während der ersten Schritte, verhindert aber auch eine kräftemäßige Überforderung beim Lösen der Hände. Später kann dieser Abstand auf zwei Fußlängen vergrößert werden.

Wie groß soll der Abstand zwischen den Blöcken sein?

Zahlreiche Untersuchungen zu dieser Frage haben für den spezialisierten Sprinter ergeben, daß im Gegensatz zu allen ‹modischen Verengungen› die mittlere Fußstellung (eine gute Fußlänge) einen optimalen Start ermöglichst. Das gilt grundsätzlich auch für den Anfänger. Nach unseren Erfahrungen hat es sich jedoch als günstig erwiesen, bei nicht so schnellkräftigen Jungen und Mädchen besonders anfangs diesen Abstand etwas länger zu wählen. Ihre geringere Kraft kann dann durch die längere Dauer des Kraftstoßes etwas ausgeglichen werden.

Wie hoch soll das Becken bei «fertig» gehoben werden?

Auch die Höhe des Beckens entscheidet über das Maß der Vorlage beim Ablauf (vgl. Bildreihe Seite 58/59). Abgesehen von individuellen Unterschieden sollte auch hier der optimale Arbeitswinkel von 90 Grad im vorderen Kniegelenk bestimmend sein. In der Regel kann das Becken eine Handbreit höher als der Schultergürtel gehoben werden. Das Körpergewicht ruht gleichmäßig auf Armen und Beinen (Druck fassen); nicht zuviel Gewicht auf die Arme bringen; die Arme sind durchgestreckt, der Kopf bleibt in der Normalhaltung (nicht hängen lassen, nicht zurücknehmen).

Weitere Übungsvorschläge
Wir empfehlen hier keine speziellen Übungen zur Verbesserung der Tiefstarttechnik. Entscheidend ist, daß die Schüler erfahren, daß schneller laufen immer bedeutet, mit größerer Rumpfvorlage zu laufen; gerade beim Starten kommt es daher darauf an, daß mit größtmöglicher Vorlage, aber ohne Abknicken in der Hüfte gelaufen wird. Dazu eignen sich bes. folgende Formen (vgl. Lauf-ABC: Geschwindigkeiten, Rumpfexperimente):
- Laufen mit wechselnder Vorlage und wechselndem Tempo (‹Schalten› von Lauftempostufen);
- maximale Beschleunigung mit maximaler Vorlage verbinden; (Laufen in der Kurve, an Markierungen rauf und runter ‹schalten›);
- Partnerübungen, die das Laufen mit großer Vorlage ermöglichen;
- Fallstarts (auch mit geschlossenen Augen): wann muß ich den ersten Schritt machen?
- Skippings – Vorlage vergrößern – Antritt;
- rückwärts traben – vorwärts starten.

Startwettkämpfe / Startstaffeln
Viele der in den Kapiteln «Schnell laufen» und «Staffeln laufen» beschriebenen Formen sind mit dem Tiefstart möglich oder legen ihn sogar nahe. Wenn der Tiefstart eingeführt wird, sollten auch Formen gewählt werden, in denen seine Anwendung für alle Schüler zwingend ist:
- *Start-Cup* (vgl. Sprint-Cup, Seite 52): Tiefstart und Ziel nach 20 Metern;
- *Start-Staffel:* Alle Mitglieder der Mannschaft (z. B. vier) kauern sich in die Startblöcke. Am Ziel (20 oder 30 Meter) steht ein Unparteiischer, der den Einlauf abwinkt. ‹Nummer eins› wird gestartet; wenn er abläuft, geht ‹Nummer zwei› in ‹fertig›-Stellung; wenn ‹Nummer eins› abgewinkt wird, startet ‹Nummer zwei› usw. Die Laufzeiten der Mannschaften werden gestoppt und verglichen.

Laufen über Hindernisse und Hürden

Hindernisse

Hindernisse sollten immer wieder in das Laufen einbezogen werden. Das «ABC des Laufens» enthält mehrere Hinweise dafür, wie besonders im Freien Hindernisse nicht umgangen, sondern als Bereicherungen für das Laufen aufgesucht werden können. In der Halle kann das Laufen wegen der kurzen Wege leicht eintönig werden; Hindernisse machen die Wege länger und interessanter. Hindernisse können sein:
- *Slalomstrecken* um Eckfähnchen, heruntergelassene Taue, um Pylonen, Medizinbälle;
- ‹*Gräben*› (die nicht betreten werden dürfen) zwischen Matten, Kastendeckeln, Reifen;
- *Sprungstationen* (an denen ein Mal in der Höhe mit den Händen erreicht werden muß): heruntergelassene Ringe, Basketballkörbe;
- *Tunnel:* Matten auf längsgestellten Kästen oder Barren;
- *Kleinhürden:* Langbänke, Sprungkästen;
- *Stützsprungstationen:* Böcke, Pferd, Kasten;
- *Treppen und schiefe Ebenen* (vgl. Seite 18f);
- *Weichbodenstrecken* zum Überlaufen.

Solche Hindernisse können auch auf verschiedene Weise miteinander kombiniert werden (vgl. Abb. Seite 23). Bahnen mit solchen Hindernissen können für das ausdauernde und das schnelle Laufen aufgebaut werden. Ein Beispiel einer Hindernisbahn für eine Pendelstaffel zeigt die Abb. unten.

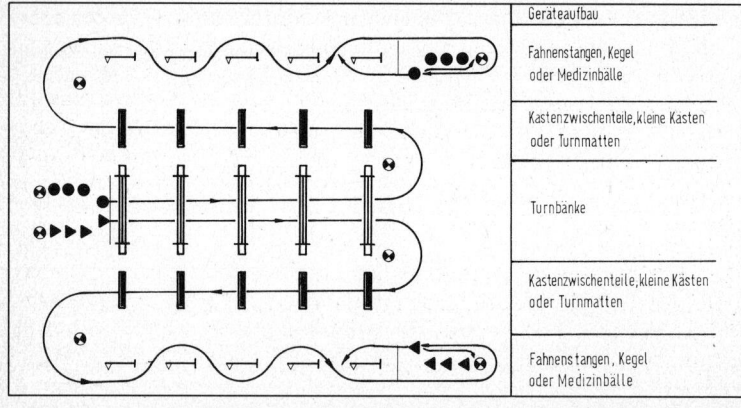

Das Laufen über Hindernisse der beschriebenen Typen sollte immer wieder in neuen Anordnungen erprobt werden. Dabei sind gelegentlich auch Erfahrungen über zweckmäßige, kraftsparende, schnelle Techniken anzusprechen. Eine methodische Schulung der Technik empfehlen wir jedoch nur für die besondere Anordnung, die den Hürdenlauf charakterisiert: niedrige Hindernisse in gleichmäßigen Abständen.

Zur Methodik des Hürdenlaufens

Das Hürdenlaufen ist bis zu einem Niveau, auf dem sein besonderer Reiz schon erlebt werden kann, nicht schwer zu erlernen. Der wiederholte rhythmische Wechsel von Laufschritten und Hürdenschritt in hohem Tempo spricht auch Schüler an, die für andere Bereiche der Leichtathletik weniger zu begeistern sind. Nach gelegentlichen Versuchen mit dem Überlaufen verschiedener Hindernisbahnen kann ein Lehrgang in Richtung auf das Hürdenlaufen spätestens im siebten oder achten Schuljahr mit einigem Erfolg durchgeführt werden. Wir empfehlen dafür ein methodisches Vorgehen, das zunächst das rhythmische Überlaufen kleiner Hindernisse festigt und Übungen zur technischen Verbesserung allmählich einbaut, wenn mit zunehmender Höhe der Hürden Probleme auftreten.
Wesentliche Beobachtungspunkte sind dann:
– die *Schrittgestaltung:* etwa zwei Drittel des Hürdenschritts vor, ein Drittel hinter der Hürde;
– Das «*Abducken*» des Oberkörpers beim Überlaufen der Hürde: es verhindert das Springen und erleichtert die Bewegung des Nachziehbeins (Kontrollmöglichkeit: Bleibt der Kopf – von hinten gut zu sehen – in einer Höhe?);
– die Bewegung des *Schwungbeins*: kein seitliches Ausweichen, erst Oberschenkel hochschwingen, dann Unterschenkel nach vorn schleudern;
– die Bewegung des *Nachziehbeins:* sie ist am schwersten, da man sie selbst nicht sieht.
Wir empfehlen, zunächst nur in besonderen Fällen Korrekturmaßnahmen an den Armen anzusetzen: Schlingernde, rudernde, seitwärts ausgebreitete Arme sind meistens Ausgleichsmaßnahmen für falsche Beinbewegungen. Oft kann jedoch die Anweisung «Gegenarm vor» das «Abducken» unterstützen. Allgemein: nie mehr als zwei Beobachtungspunkte zugleich!

Erste Phase: Sprinten im Dreier-Rhythmus
Aufgabe: Hier geht es zunächst nur darum, daß der Rhythmus gefestigt wird: immer mit demselben Bein zuerst über das Hindernis. Diese Aufgabe sollte sowohl mit dem rechten und dem linken Bein als Schwungbein gelöst werden.

Organisation: Hindernisse maximal 30 Zentimeter hoch, so daß ihr Überlaufen noch keine technischen Probleme stellt. Als Hindernisse kommen in Frage: umgedrehte Langbänke, Schaumstoffwürfel, Margarinekartons, umgeklappte Hürden. Es müssen mindestens zwei, besser drei Bahnen mit unterschiedlichen Hindernisabständen (zwischen 5,50 und 7,50 Meter) aufgebaut werden, damit jeder nach Größe und Sprintkraft einen passenden Ablauf finden kann. Die Abstände müssen groß genug sein, so daß man gezwungen wird, die Schritte zu ‹ziehen›, jedoch nicht so groß, daß der Fünfer-Rhythmus naheliegt. Wenn man diese Aufgabe in der Halle stellt (mindestens zwei Hallendrittel erforderlich!), kann man durch Matten oder Teppichbodenreste die Schrittgestaltung vorgeben. Das ist zwar etwas aufwendig, aber für einige Schüler eine wirksame Hilfe.

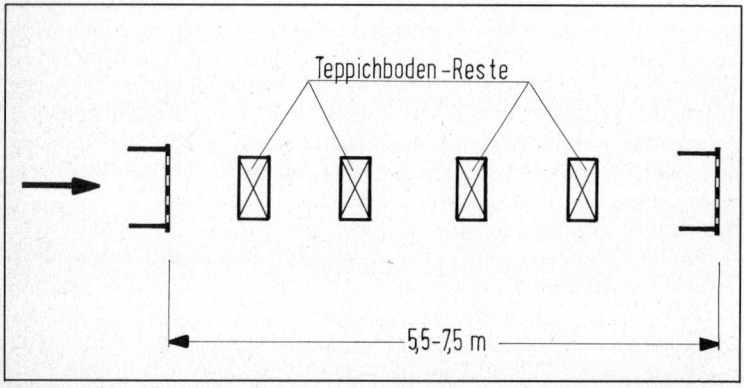

Auch im Freien reichen bei dieser Form zunächst vier bis sechs Hindernisse pro Bahn aus.

Beobachtungspunkte: Wenn der Rhythmus gefestigt ist, sollte die Bahn im Sprint möglichst schnell durchlaufen werden: Körpervorlage besonders über dem Hindernis beibehalten, auf keinen Fall über die Hürden springen.

Die Anforderung ‹möglichst schnell› kann durch *Wettkampfformen* unterstützt werden. Beispiel einer Staffel: Die Schüler, die an einer Bahn eingelaufen sind, bilden zusammen eine Mannschaft. Auf das Startsignal starten die ersten; der zweite folgt, wenn sein Vorgänger hinter dem vierten Hindernis wieder Bodenkontakt hat, usw. Auf diese Weise haben die kleineren und sprintschwächeren Schüler den Vorteil der kürzeren Laufstrecke. Schüler, die gelaufen sind, kommen neben der Bahn wieder zurück. So kann diese Form als Endlosstaffel gelaufen werden.

Zur Methodik des Hürdenlaufens

Zweite Phase: Laufen über Kleinhürden

Aufgabe: Die Hindernisse werden nun allmählich so erhöht, daß sie nicht mehr mit einem normalen Laufschritt überwunden werden können. Ziel in dieser Phase ist das Überlaufen von Hürden, die für die Schüler etwas mehr als kniehoch sind. Diese Höhe zwingt bereits zu einer akzentuierten Schwungbeinbewegung; sie verführt aber auch zum Springen. Das Nachziehbein kann jedoch noch ‹normal› geführt werden. Daraus ergeben sich die besonderen Beobachtungspunkte in dieser Phase.

Organisation: Bahnen und Abstände zwischen den Hürden wie in der ersten Phase. Wichtig ist nun vor allem, daß die «Hürden» leicht umkippen oder nachgeben; die Angst lehrt unzweckmäßige Techniken. Möglichkeiten: Kinderhürden (verstellbar von 46 bis 72 cm), Matten auf Sprungkasten oder Langbank (Foto unten). Medizinball in Tennisring auf Langbank, zusammengeklebte Margarinekartons.

Beobachtungspunkte:
- zweiphasige Schwungbeinbewegung (auch im Stand üben!);
- mit dem Schwungbein nicht seitlich ausweichen (Gründe oft: Abdruck zu nah an der Hürde oder Hürdenabstände zu eng);
- nicht springen: «Abducken» über der Hürde, eventuell mit aktiver Unterstützung des Gegenarms zum Schwungbein;
- schnell hinter der Hürde wieder Boden fassen, dabei etwas aufrichten, den nächsten Schritt lang ziehen (Knie hoch nach vorn reißen.)

Dritte Phase: Annäherung an die Hürdentechnik (vgl. Bildreihe)

Aufgabe: Die Hürden werden nun allmählich bis annähernd Hüfthöhe erhöht. Sie können dann immer noch in einem Laufschritt überwunden werden – aber nur, wenn das Nachziehbein rechtwinklig abgespreizt wird. Diese Nachziehbeinbewegung wird nun zum wichtigsten Beobachtungspunkt. Sie muß auch durch gezielte Übungen geschult werden.

Organisation: Bei dieser Hürdenhöhe gibt es kaum mehr Alternativen zur wettkampfgerechten Hürde. Ihr Nachteil (Verletzungsangst) kann durch Rohr-Isolationsschalen aus Schaumstoff wesentlich gemildert werden. Einige Hersteller bieten Übungshürden an, die leichter umfallen und in der Höhe stufenlos verstellbar sind.

Springen

Das Springen ist dem Laufen nahe verwandt. Darauf deutet schon die Tatsache hin, daß in manchen deutschen Dialekten «springen» nichts anderes als «schnelles Laufen» oder «dahinstürmen» bedeutet.
Auch bei Sport und Spiel kann man feststellen, daß die beiden Bewegungsformen Laufen und Springen eng miteinander verbunden sind. Bis auf das Springen aus dem Stand oder den sogenannten Schlußsprung sind eigentlich alle Sprungarten mit einem Anlauf verbunden und häufig ist der Sprung selbst nichts anderes als ein besonders gestalteter letzter Schritt wie beim Weitsprung oder eine Schrittfolge wie beim Dreisprung.
Wir kennen im sportlichen Übungsprogramm sogar «Lauf-Sprünge» und «Sprungläufe», und im Skisport gibt es einen «Sprung-Lauf», der seine bemerkenswerte Steigerung im «Skifliegen» findet.
Wie das Gehen und Laufen ist das Springen eine der *elementaren Bewegungsformen,* die übrigens auch in dieser Reihenfolge vom Kind erlernt werden. Vom Gehen spricht man, wenn beide Füße wenigstens einen kurzen Augenblick gemeinsam den Boden berühren, beim Laufen aber gibt es einen Moment, in dem beide Füße gleichzeitig ohne Bodenkontakt sind. Springen ist nun nichts anderes als der Versuch, diese Flugphase in die Weite oder Höhe zu verlängern.
Springen ist also das Bemühen, vom Laufen zum Schweben oder Fliegen zu kommen; es ist das ‹kleine Fliegen› und deshalb auch mit Empfindungen und Wahrnehmungen verbunden, die durchaus einzigartig und ‹sensationell› (im ursprünglichen Sinne) sind. Man springt ‹vor Freude an die Decke› und der Zuschauer ‹springt vom Sitz› auf, wenn ein besonders schönes Tor gefallen ist; bisweilen springt auch der Torschütze selbst in die Höhe oder läßt sich gar zu einem ekstatischen Salto hinreißen.
Wir wissen, daß Freude uns nicht nur zum Springen bringt, sondern daß Springen umgekehrt auch Freude macht. Deshalb gehört das Springen

auch in den Schulsport. Aber die Überwindung der Schwerkraft, die kleine Verwirklichung des uralten Traums vom Fliegen wird uns nicht leicht gemacht. Beim Übergang vom Laufen zum ‹Fliegen› muß das eigene Körpergewicht bewältigt werden, und die durch den Anlauf in Schwung gebrachte Masse muß durch einen kräftigen Abdruck in Weite oder Höhe umgelenkt werden. Da dieses ‹Übersetzen› nur gut gelingen kann, wenn neben einer ausreichenden Anlaufgeschwindigkeit auch eine Reihe von anderen Absprungbedingungen (richtige Körperlage, günstiger Beugewinkel in den Gelenken des Beines, genaues Treffen eines optimalen Absprungpunktes, funktionaler Armeinsatz usw.) erfüllt sind, leuchtet es ein, daß neben dem Krafteinsatz beim Springen auch ein recht schwieriges koordinatives Problem zu lösen ist. Beim Erlernen des Springens spielt dieses eine wichtige Rolle.

Trotz dieser vielfältigen und auch schwierigen Bedingungen erfreut sich das Springen im Sport großer Beliebtheit und hat die unterschiedlichsten Bewegungsformen hervorgebracht. In der Leichtathletik, beim Turnen und im Schwimmsport kennen wir Sprungwettbewerbe, bei denen es um möglichst große Höhe oder Weite, um möglichst schwierige Formen und ihre optimale Ausführung geht. In den Spielen hat das Springen eher eine mittelbare Funktion (Sprungwurf, Hechtbagger oder Flugkopfball), reine Sprungspiele wären noch (oder wieder) zu erfinden.

Die Leichtathletik ist diejenige Sportart, die das Springen neben dem Laufen und Werfen am deutlichsten zum Thema macht; jedoch bietet sie heute in ihrer modernen Ausprägung nur noch den Rest einer ehemals großen Formenfülle. Sie kennt nur noch den einbeinigen Sprung als Weitsprung, Hochsprung, Dreisprung und Stabhochsprung und hat im Laufe ihrer Entwicklung viele interessante Formen und attraktive Möglichkeiten des ‹kleinen Fliegens› verloren und in Vergessenheit geraten lassen: Weitsprung und Hochsprung aus dem Stand, verschiedene Mehrfachsprünge, Hochweitsprung und Stabweitsprung; sogar den Rückwärtssprung hat es einmal als sportliche Form gegeben.

Die Gründe dieser Entwicklung, die durchaus als fortschreitende Verarmung angesehen werden kann, liegen vor allem in dem Streben nach Vereinheitlichung der Wettkampfformen, Sicherstellung der Wettkampfgerechtigkeit und Meßgenauigkeit mit weltweiter Vergleichbarkeit und vor allem in einem internationalen Rekordstreben, das die Findung einer optimalen zweckorientierten Technik begünstigte und die vielen individuellen Lösungsmöglichkeiten rigide zurückgedrängt hat.

Die Auswirkungen dieser Rahmenbedingungen lassen sich z. B. an der Entwicklung des Hochsprungs verdeutlichen: über zahlreiche Schersprungvarianten, verschiedene Roll- und Straddleformen sind wir heute bei einer stereotypen (wenn auch sehr erfolgreichen) Form, dem Flop, angelangt.

Dieses Buch will und kann diese Entwicklung nicht rückgängig machen, aber es kann die Einengung der verschiedenen Lösungsmöglichkeiten einer Aufgabe bewußt machen und u. a. auch die Rückbesinnung auf alte Formen als Übungsgut anregen. Das gilt vor allem für das Erlernen des Springens, das in jedem Fall abwechslungsreich und vielfältig sein soll, und deshalb auch gerade für den schulischen Bereich, wo ja nicht nur die technisch optimalen, sondern auch die bewegungserzieherisch wertvollen Formen gepflegt werden sollen. Hier kann sogar der historische Prozeß der Formenreduzierung selbst thematisiert werden und die Wiederentdeckung verschollener Sprungformen zusammen mit der Entdeckung neuer Formen versucht werden.

Das «ABC» des Springens – vielfältiges Springen vor und neben der Leichtathletik

Mit diesem Übungsgut sollen *Voraussetzungen* geschaffen werden für ein möglichst vielfältiges Springen, gleichzeitig aber auch *Sprungerlebnisse* ermöglicht werden, die ihren Erlebniswert in sich selbst tragen.
Hier geht es vor allem um Abwechslung in der Aufgabenstellung: um das Suchen und Finden von Vor-, Zwischen- und Endformen der verschiedensten Sprungmöglichkeiten. Altes und Neues soll ausprobiert und Bekanntes unter neuen Rahmenbedingungen verändert werden.
Wir haben in diesem Kapitel die große Variationsbreite, die in jeder Stunde um neue Ideen bereichert werden kann, zusammengerafft und thematisch geordnet. Es wird allerdings ausdrücklich darauf hingewiesen, daß der Erfindungsreichtum jedes Lehrers in jeder Stunde neu gefordert wird.

Alte Formen des Springens

Erstaunlich viel von dem, was wir uns heute im Sportunterricht einfallen lassen und unter «Kreativität» oder «Innovation» buchen, stellt sich bei genauerem Hinsehen als alte und oft sehr sinnvolle, leider aber vergessene Form heraus. Ein unvoreingenommener Blick in die alten Werke der Leibeserziehung lohnt sich und kann voller überraschender Entdeckungen sein. Bei den Klassikern finden wir, gerade was das Springen betrifft, eine beeindruckende Fülle brauchbaren Übungsgutes. So wird bei JAHN/EISE-

LEN (1816, 17f) neben Vorübungen und Haltungsvorschriften beim Springen folgender Katalog von Übungen entfaltet: vier verschiedene Hüpfformen, acht Arten des Anfersens (darunter der sogenannte «Hinkschlag»), vier Hocksprünge, 13 Hinkformen (darunter das «Durchhinken» und der «Hinkkampf» – also ein Sprungspiel), drei zusammengesetzte Formen (z. B. Doppelschlag aus der Sitzhocke). Dabei bemühen sich die Autoren ernsthaft um eine Systematisierung der Sprünge: Springen von der Stelle (Standsprung), mit Vorsprung, mit Anlauf und ganz eigenständige Formen wie «Heuschreckensprung» und «Springlauf». Es gibt die große Gruppe der «Freisprünge»: Weitensprung, Höhensprung, Tiefensprung, die vorwärts, seitwärts rechts und links, drehend nach rechts und links oder auch rückwärts ausgeführt werden können.

In die Weite wird über einen Sprunggraben gesprungen: «Das beste Maß bei der Sprungweite ist die eigene Leibeslänge des Springers. Zwei Leibeslängen lernt fast ein jeder springen, 2½ Leibeslängen sind schon ein guter Sprung, und drei ein außerordentlicher.» (S. 29) Da wird ein Sprung in die *Weite und Höhe* beschrieben, und von einem Hügel oder Gerüst wird in die *Tiefe* (ohne Anlauf) gesprungen: «In die Tiefe und Weite darf man nur mit großer Vorsicht und von geringen Höhen springen; ein Bach oder Graben mit ungleichen Ufern ist dazu sehr geeignet. Zur Übung darf man die Sprungtiefe von zwei Leibeshöhen nicht überschreiten.» (S. 31f)

Besonders ausführlich wird das *Stabspringen* behandelt, wobei das «Springel» (Sprungständer), das «Sprunggerät» (Stäbe), die «Bahn» (Sprunggrube), die Stabhaltung und alle wichtigen «Hauptaugenmerke» sorgfältig beschrieben werden. Unter den «Sprungveränderungen» finden wir die Vorschläge zum Springen in die Weite (von der Stelle und mit Anlauf), in die Höhe (mit Zurücklassen des Stabes und mit Hinübernahme des Stabes), den Sprung in die Weite und Höhe, in die Tiefe («bloß vom Stande»), in die Tiefe und Weite («ein sehr gewaltsamer Sprung») und eine «leichte und bequeme Art des Stabsprunges mit zweien Stäben, zwischen denen man durchspringt» (S. 71f).

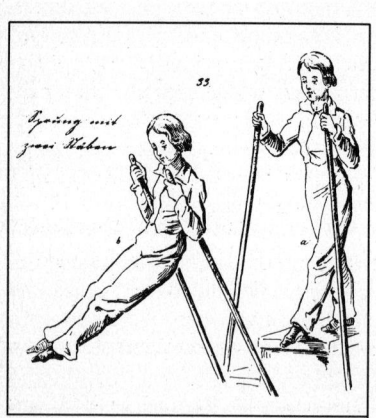

Sprung mit zwei Stäben
Quelle: E. W. B. EISELEN: Abbildungen von Turn-Übungen. Berlin 1845, S. 11.

Einbeiniges und beidbeiniges Springen

Wir sollten uns – angeregt durch den Blick auf die alten Formen des Springens – auf die *Vorformen* des Springens, Hinken und Hüpfen, besinnen. Wir verstehen darunter einfache einbeinige und zweibeinige Formen des Abspringens und Landens. Wir finden diese Formen ja auch im vor- und außerschulischen Spielgut der Kinder und können daran im Sportunterricht anknüpfen (gerade die Hinkformen stellen auch eine recht intensive und entwicklungsgemäße Belastung dar):
- Hinken auf der Stelle – Beinwechsel,
- Hinken über eine bestimmte Strecke – auf dem anderen Bein zurück,
- Hinken von einer Markierung zur anderen – mit Beinwechsel,
- einbeiniges Seilspringen – mit ständig wechselndem Bein, mit Wechsel nach einer bestimmten Anzahl von Sprüngen.

Die beidbeinigen Hüpfformen stellen eine geringere Belastung dar, sind aber eine sehr sinnvolle Form des ‹Spiels mit der eigenen Last› und als Sprungfolge koordinativ recht anspruchsvoll, weil die Amortisation des Landens immer wieder möglichst übergangslos in einen positiven Absprungimpuls umgeformt werden muß:
- Hüpfen auf der Stelle – Variationen (vorwärts, seitwärts, rückwärts) des Landepunktes,
- Hüpfen über eine bestimmte Strecke,
- Hüpfen über eine Strecke mit Hindernissen,
- Hüpfen mit tiefer Kniebeuge,
- Hüpfen mit Zwischenhupf,
- Seilspringen beidbeinig mit und ohne Zwischenhupf, einfacher und doppelter Durchzug; Springen im schwingenden Langseil, einspringen und ausspringen.

Hink- und Hüpfspiele

Die hier aufgeführten Spiele können auch als Ergänzung zu den Spielen im Teil «Laufen» angesehen werden. Sicher ist es für das Springen (und auch Werfen) schwieriger, sinnvolle Spielideen zu finden und zu verwirklichen als für das Laufen. Aber nicht zuletzt für die Aufwärmphase des Unterrichts sollte der Sportlehrer ein paar Spielformen anbieten können, die das Springen (Hinken und Hüpfen) ansprechen und aktivieren:
- *Fangspiel mit Hinkzonen:* Die Wurfkreisflächen des Handballfeldes oder die Zone des Basketballfeldes und ein mit Klebeband markierter, mehrere Meter breiter Mittelstreifen stellen Hinkzonen dar. Fänger und Gejagte dürfen sich darin nur hinkend bewegen.
- *Hinkstaffel einzeln:* Es handelt sich um eine Pendelstaffel, wobei an der Wendemarke das Bein gewechselt wird.
- *Tandem-Hinkstaffel:* Der Partner hält sich mit der rechten Hand am

Knöchel des Vordermannes (der seinen Fuß nach hinten hoch nimmt), mit der linken Hand an seiner Schulter fest. Variante: Er hält sich am vorgestreckten Unterschenkel des Hintermanns und an der Schulter des Vordermannes fest.

- *Hink-Schlange:* Der Partner hält sich jeweils am vorgestreckten Unterschenkel des Hintermannes und an der Schulter des Vordermannes fest.

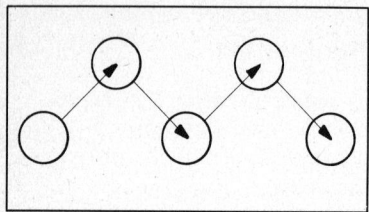

- *Zick-Zack-Hüpfstaffel:* beidbeiniges Hüpfen von Reifen zu Reifen oder hinken (nur links oder nur rechts) oder einbeiniges Hüpfen im Wechsel links und rechts (über die Bank, über zwei Linien im Abstand von 0,5 m).

- *Hink-Kampf:* Zwei umgelegte Langbänke sind die Tore. Zwei Mannschaften versuchen, einen Gummiring mit dem Hüpfbein ins gegnerische Tor zu befördern (Schußkreis). Schüler, die sich gerade nicht ‹am Ball› befinden, dürfen das Sprungbein wechseln.

Springen mit und ohne Anlauf

Im Rahmen dieses Sprung-ABC wollen wir an dieser Stelle Anregungen geben, die die ausdrückliche Zielsetzung Weite und Höhe haben, aber dennoch nicht mit den üblichen Formen «Weitsprung und Hochsprung mit Anlauf», die immer wieder im Unterricht als Wettkampfform durchgeführt werden, identisch sind. Sie sollen Abwechslung bringen; denn Springen ohne den wettkampfähnlichen Vergleich hat wenig Reiz und langweilt leicht die Schüler:

– Schlußsprung vom Grubenrand auf Weite (z. B. über eine Markierung im Sand),

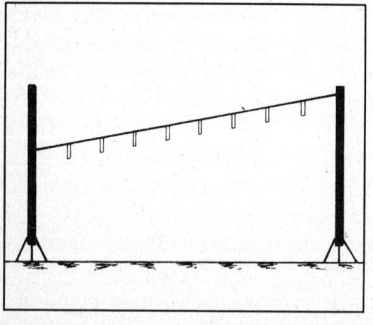

– beidbeiniger Hochsprung aus dem Stand und einbeiniger Steigesprung über die Schnur mit kurzem Anlauf; bei schräg aufgelegter Schnur kann die Höhe leicht gesteigert werden (Klebebandstreifen markieren die verschiedenen Höhen – vgl. Abb. links),

– Strecksprung in die Höhe mit Anschlag («jump and reach»); auch hierbei kann eine schräggespannte

Springen mit Anlauf von der Kastentreppe

Schnur Anreize setzen und die Organisation erleichtern,
- Weitsprung mit Anlauf (Absprungzone, Weitenmarkierung am Rand), einfacher Hocksprung ohne Korrekturen,
- Hochsprung mit Anlauf senkrecht zur Schnur, von der Seite in die Weitsprunggrube; schräge Schnur spannen,
- Kastentreppe, über die Schnur auf Weichböden springen (Abb. oben).

Sprungkombinationen

Die beiden folgenden Sprungformen sind recht schwierig und setzen schon ein gewisses Maß an Sprungkraft voraus:

● *Tiefweitsprung:* Von einer Rampe oder einem Kastenteil (nicht höher herunterspringen lassen, als die Schüler ohne Aufstützen hinaufspringen können) wird heruntergesprungen und nach der Landung direkt ohne Zwischenhupf ein Schlußsprung in die Weite angeschlossen. Die Absprungstelle wird markiert (Abb. unten).

● *Tiefhochsprung:* Es wird beim Tiefhochsprung von einem Kastenteil heruntergesprungen und nach der Landung mit oder ohne Zwischenhupf über eine Schnur gesprungen (Abb. unten).

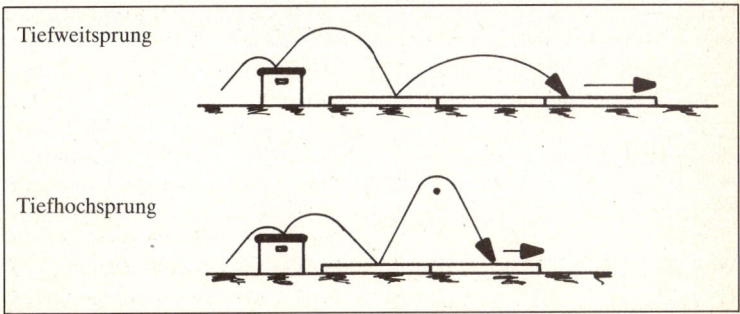

Hinauf- und Hinunterspringen

In diesem Teil soll noch einmal zusammenfassend darauf hingewiesen werden, daß neben den üblichen Zielen des Springens in die Weite und Höhe auch ganz andere Ziele sinnvoll und freudvoll sein können. So bieten sich die verschiedenen Formen des *Hinaufspringens* (in Verbindung mit Abschlagspielen) auf Kästen, Sprossenwände oder aufgebaute Mattenunterlagen an:

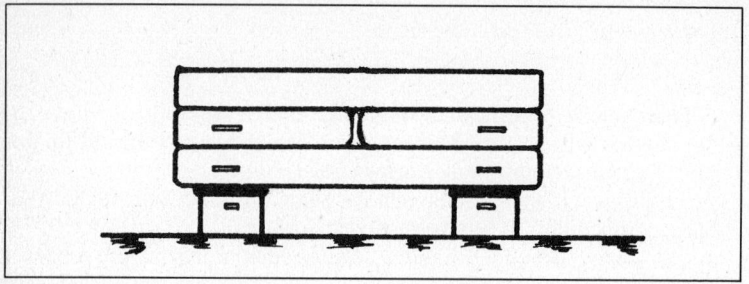

Auch viele überraschende und abwechslungsreiche Formen des *Hin- und Herspringens* lassen sich finden (z.B. ‹Affensprünge› an der Sprossenwand: in verschiedener Höhe von Sprossenwandteil zu Sprossenwandteil); auch *Vorwärts- und Rückwärtssprünge* sind nicht nur Clownerie (die ja auch sehr lehrreich sein kann), sondern beanspruchen (wie das Hin- und Herspringen) Muskelgruppen, die viel zu selten aktiviert werden; daneben stellt die zyklische Verbindung dieser Formen auch an das Koordinationsvermögen eine hohe Anforderung.

Vor allem sollten sich die Sportlehrer klar machen, daß die muskuläre Beanspruchung beim Hinunterspringen nicht geringer ist als beim Hinaufspringen; nur ist das Hinunterspringen viel einfacher und meist auch besonders erlebnisreich und liefert so auch den schwächeren Schülern, die gar nicht hinauf- oder hinüberspringen können, angemessene Belastungen und große Belustigungen.

Ein Sprungparcours in der Halle

Der folgende Vorschlag muß nicht ‹wörtlich› genommen werden; andere Formen und Kombinationen sind denkbar.

Sprungparcours

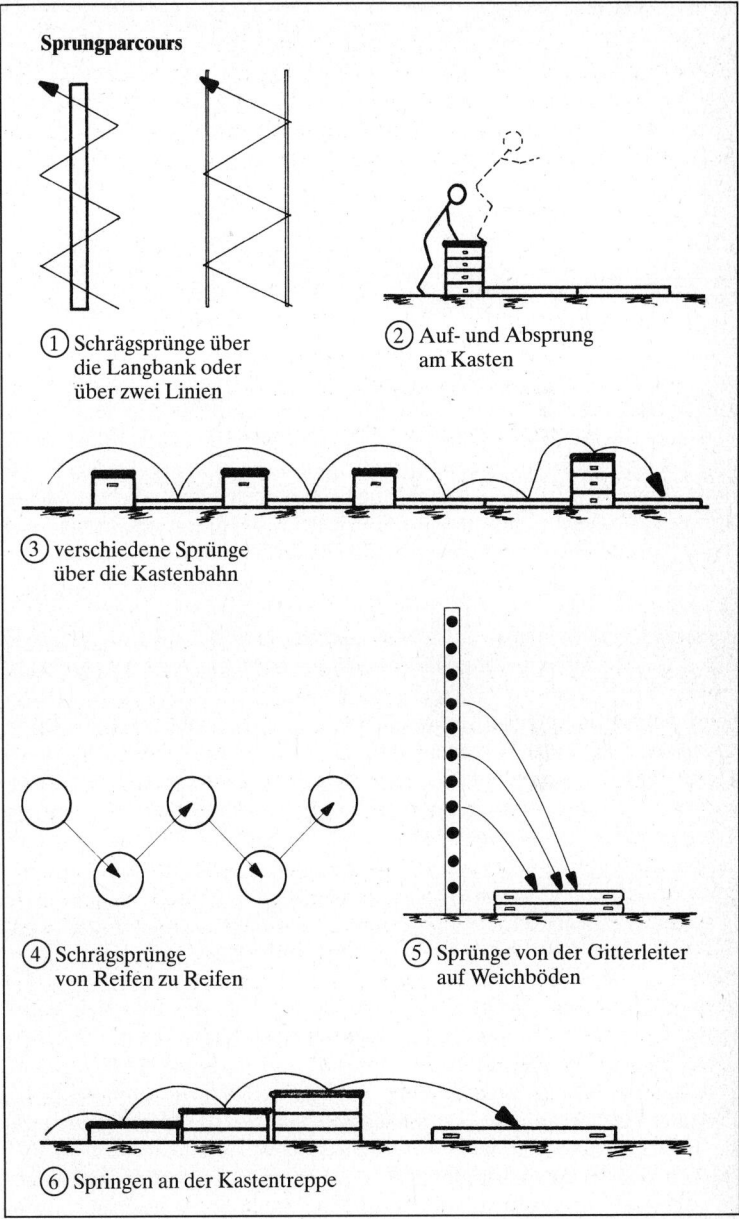

Was jeder Lehrer
vom Springen wissen sollte

Das Übersetzen

Unter «Übersetzung» versteht man in der speziellen Bewegungslehre die Umlenkung des Anlaufs in Höhe oder Weite; es ist das Abheben zum ‹kleinen Fliegen›. Sowohl hinsichtlich des Krafteinsatzes als auch als koordinatives Problem hat der Springer beim Übersetzen die wichtigste und schwierigste Aufgabe zu lösen.
Kraft: Die durch den Anlauf aufgebaute kinetische Energie muß im Moment des Absprungs durch das Sprungbein zum Teil beim Aufsetzen aufgefangen (Beugung des Beins – teilweise Amortisation) und durch Streckung umgelenkt werden. Dabei entstehen hohe Kräfte, die auf die Muskulatur und das Gelenksystem des Springers wirken, außerdem müssen Kräfte aktiv erzeugt werden. Die Anforderungen an das Last-Kraft-Verhältnis des Springers sind recht hoch, und die Größe der Schnellkraft des Springers ist damit ein entscheidender leistungsbegrenzender Faktor. Umgekehrt liegt hierin natürlich auch ein besonderer Wert des Springens; denn häufiges Springen wird das Last-Kraft-Verhältnis entscheidend verbessern.
Koordination: Es gehört viel Übung und ein ausgeprägtes Bewegungsgefühl dazu, die Anlaufgeschwindigkeit mit der Kraft des Absprungs optimal zu verbinden. Dabei wird die koordinative Qualität des Absprungs bestimmt durch die Intensität, Qualität und Quantität der Beuge- und Streckbewegungen im Fuß-, Knie- und Hüftgelenk. Wesentlich ist schließlich dabei die Größe des erzielten Absprungvektors (Komponente aus Absprunggeschwindigkeit und Absprungrichtung). Hinzu kommt ein relativ komplexer Armeinsatz bei der Unterstützung des Absprungs. Je größer die Anlaufgeschwindigkeit ist, umso schwieriger ist die Koordination beim Absprung; denn damit verkürzt sich die Zeit für die Übersetzungsphase bei gleichzeitig größer werdenden Kräften. Es wird dann viel schwieriger, das optimale ‹Ausschußfenster› für den Sprung zu finden.

Die verschiedenen Sprünge der Leichtathletik unterscheiden sich in der Absprunggestalt im wesentlichen durch die Absprungrichtung. Die Übersetzung beim Weitsprung und Dreisprung zielt auf eine flachere, beim Hochsprung auf eine steilere Flugbahn. Beim Stabhochsprung wird der Übersetzungsvorgang mit dem Hilfsmittel Stab in besonderer Weise, wie mit einem ‹künstlichen, langen dritten Bein› gestaltet. Grundsätzlich aber bleiben die Übersetzungsprobleme die gleichen wie beim Weit- und Hochsprung (auf Besonderheiten wird an anderer Stelle eingegangen).

Vom Leichten zum Schweren

Die konditionellen und koordinativen Anforderungen des Springens machen deutlich, daß die Leichtathletik durchaus nicht eine ‹leichte› Athletik ist. Vielfach steht sie deshalb im Schulsport im Ruf, schwierig und auch nur mühsam erlernbar zu sein.

Wir aber wollen zeigen, daß sich hinter dieser Auffassung weitgehend ein Vorurteil verbirgt und daß es Mittel und Wege gibt, mit diesen Schwierigkeiten im Unterricht fertig zu werden.

Voraussetzung ist dabei eine allmähliche und behutsame Entwicklung der allgemeinen Sprungfähigkeit, bevor man mit der Schulung spezieller Sprungformen beginnt. Hier wird versucht, diesen Weg von den *Voraussetzungen* zu den *Zielformen*, der auch ein Weg vom Leichten zum Schweren ist, darzustellen.

Auf dem Weg vom Leichten zum Schweren gilt es zunächst, die Schwierigkeiten zu erkennen und weitgehend zu reduzieren, um sie sodann schrittweise, methodisch am wachsenden Könnensstand orientiert, sozusagen in ‹bekömmlichen Portionen›, wieder in die Aufgabenstellung einzubauen.

Auf das Springen bezogen seien hier nur einige Orientierungen genannt:

- Grundsätzlich muß die Anlaufgeschwindigkeit anfangs und bei noch unvollkommen entwickeltem Last-Kraft-Verhältnis niedrig gehalten werden; denn bei höherer Anlaufgeschwindigkeit potenzieren sich die Schwierigkeiten beim Übersetzen.
- Absprungs- und Übersetzungshilfen (Sprungbretter, Kastenoberteile usw.) bieten eine sehr wirkungsvolle, aber nicht unproblematische Bewegungshilfe. Bei längerer Anwendung verändern sie die Sprungbedingungen nachhaltig und führen zu Anpassungen, die später bei dem Verzicht auf diese Hilfen wieder ‹verlernt› werden müssen. Diese Hilfen sollten deshalb nur ab und zu und kurzfristig eingesetzt werden.
- Die Aufgaben und Inhalte des Unterrichts müssen alters- und belastungsadäquat gewählt werden. So sind z. B. verschiedene Mehrfachsprünge sinnvoll, die normierte Form des Dreisprungs allerdings ist in der Sekundarstufe I eher als Überforderung zu werten.
- Wir können davon ausgehen, daß die vorgestellte Grundschule des Springens schwerpunktmäßig für Jungen und Mädchen gedacht ist, die noch nicht der Sekundarstufe II angehören. Deshalb steht auch hier noch der Erwerb möglichst vielfältiger Bewegungsmuster und Fertigkeiten auf der Basis von Lernen und Üben im Vordergrund. Training ist in dieser Altersstufe noch nicht erklärtes Unterrichtsziel, weil die Trainierbarkeit der Bewegungssysteme noch nicht voll entfaltet ist. Mit der Möglichkeit, effektiver zu trainieren, ergibt sich in und nach der Pubertät eine neue Dimension der Weiterentwicklung der Sprungdisziplinen.

Am Wesentlichen arbeiten

An den funktional wichtigen Phasen muß mit besonderer Intensität gearbeitet werden. Übersetzungsübungen aus dem Gehen, Traben und kurzem Anlauf, mit und ohne Absprunghilfen, gehören deshalb in jede Sportstunde, in der das Springen thematisiert wird. Bestimmte Verlaufsformen des Fluges stehen zwar in der Regel viel stärker im Zentrum der Aufmerksamkeit der Lehrer, sind aber für das Erlernen und Gelingen der Sprünge von sekundärer Bedeutung. Häufig werden ein zu flacher Flug oder eine zu flüchtige Schwungbeinbewegung korrigiert, übersehen wird dabei z. B. eine viel gravierendere fehlerhafte Rumpfstellung beim Absprung (Rücklage oder zu große Vorlage).

Der Lehrer sollte nicht von Dingen reden, die *er* zwar sehen kann, die aber außerhalb der Wahrnehmung des handelnden Schülers liegen. So ist ein schwacher Schwungbeineinsatz von der Seite aus der Lehrerposition gut zu sehen, dem Schüler selbst aber ist diese Beobachtung entzogen; er schaut beim Absprung ganz woanders hin, wenn er überhaupt die Augen aufmacht. Lehrer müssen Informationen und Korrekturen geben und Aufgaben stellen, die die Schüler selbst beobachten und kontrollieren und so selbst individuelle Eingriffsmöglichkeiten erkennen können.

Wettkämpfe vorsichtig dosieren

Gegen Wettkämpfe im Rahmen des Schulsports werden viele pädagogische Bedenken vorgebracht, aber einiges spricht auch dafür. Eine prinzipielle Ablehnung ist nicht zu begründen und geht auch an den Schülerinteressen vorbei. Vielfach provoziert jedoch die Wettkampfsituation gerade beim Anfänger eine falsche Betonung noch nicht beherrschter Bewegungskomponenten: zu schneller Anlauf, zu frühes Ansetzen der Landung, Anziehen der Arme und Beine direkt nach dem Absprung beim Stabhochsprung usw. So behindern psychisch bedingte falsche Impulssetzungen den Bewegungsablauf.

An der richtigen Stelle sollten Wettkämpfe nicht tabu sein, sie müssen nur sinnvoll (z. B. zur Auflockerung, zur Akzentuierung bestimmter Teilaufgaben) und behutsam (nicht zu häufig, um Fortschritte festzustellen; nicht um den Schwächeren herauszusortieren) angesetzt werden.

Laufen, Springen, Werfen...

... die ganze Fülle vielseitiger körperlicher Betätigung liegt in diesen drei sportlichen Disziplinen. Das Gefühl, bis an die Grenze der eigenen Belastbarkeit vorzudringen, ist für den Athleten höchste Befriedigung.
Die Fähigkeit, diszipliniert mit den eigenen Finanzen umzugehen, zählt zwar gemeinhin nicht zu den sportlichen Disziplinen, eröffnet aber nicht geringere Möglichkeiten der eigenen Entfaltung.

Pfandbrief und Kommunalobligation

Meistgekaufte deutsche Wertpapiere - hoher Zinsertrag - schon ab 100 DM bei allen Banken und Sparkassen

Verbriefte Sicherheit

Grundschule des Springens

Mit dem im «ABC des Springens» vorgestellten Übungsgut können für die verschiedenen leichtathletischen Sprünge Grundlagen gelegt werden, ohne daß dabei allerdings schon an die üblichen Wettkampfformen dieser Sportart gedacht werden muß. Die hier in der Grundschule des Springens vorgestellten Formen tragen durchaus noch einen Lern-, Übungs-, Trainings- und Erlebnissinn in sich selbst, dennoch ist es nunmehr ohne weiteres auch möglich, über diese Formen sich den Zielformen des Wettkampfsports anzunähern und von nun an größere Umwege dahin zu vermeiden.

Die Grundschule löst also das «ABC des Springens» ab und ersetzt die elementaren Bewegungserfahrungen durch *einfache Zielformen* des Weitspringens, Hochspringens und Stabspringens. Damit reduzieren sich zwangsläufig Vielfalt und Offenheit der Formen und die Möglichkeiten ihrer spielerischen Erprobung und Einübung. Dennoch wollen wir an dieser Stelle nicht dem rigiden Formalismus einer nur wettkampforientierten Leichtathletik die Freiheit der Bewegungsausführung und des organisatorischen Arrangements opfern.

Der Unterricht liefert nun über mehrere Einheiten sich erstreckende thematische Komplexe, die bewußt aufeinander aufbauen und deren Entwicklung kontrolliert und korrigiert wird, wobei bestimmte Zielformen die Richtung der Entwicklung vorgeben.

Dennoch sollten neben diesen anzusteuernden Zielformen *Varianten* (Stabweitspringen neben Stabhochspringen) und *Alternativen* (Hinunterspringen neben Hochspringen) angeboten werden. Immer wieder kann auch auf das «ABC des Springens» zurückgegriffen werden. In dieser «Grundschule» ist der Schulsport erst «Vorschule» der Leichtathletik. Immer noch sind die Wege (auch Umwege und Abwege) wichtiger als die Ziele. Das Diktat einer methodisch anzusteuernden Effektivität, die darin besteht, Zielformen so schnell wie möglich zu erreichen, deren Sinn nur im Produkt, nicht aber vor allem im Prozeß liegt, lehnen wir ab. Aufgabenstellungen, Geräte, Übungsanlagen und Regeln der Bewegungsausführung stehen noch voll in der Autonomie der Lehrer und Schüler und bleiben situativ veränderbar.

Wir wenden uns nun bestimmten einfachen Sprungtechniken zu, d. h., wir versuchen, bestimmte zweckmäßige (dem Alter und dem Könnensstand der Schüler entsprechende) Lösungsmöglichkeiten der jeweiligen Sprungaufgaben (in die Höhe, in die Weite, mit dem Stab) vorzustellen.

Weit springen

Was jeder Lehrer vom Weitsprung wissen sollte

Wie alle leichtathletischen Sprünge weist der Weitsprung einen *zyklischen* (Anlauf) und einen *azyklischen* (Absprung, Flug und Landung) Teil auf. Die Verbindung dieser beiden Komponenten macht die eigentliche, durch den Weitsprung gestellte Aufgabe aus und bestimmt Lernen, Üben und Trainieren.

Mit Sicherheit hat der *Anlauf* für die Weitsprungleistung die größte Bedeutung. Im Schulsport kann davon ausgegangen werden, daß die schnell laufenden Schüler auch die guten Weitspringer sind. Hier im unteren Leistungsbereich ist die Anlaufgeschwindigkeit bedeutend entscheidender als im mittleren und oberen Leistungsbereich, wo auch nicht so gute Sprinter mithalten können, wenn sie über eine gute Sprungtechnik verfügen. Für Anfänger und Fortgeschrittene besteht das eigentliche Problem darin, die erreichte Geschwindigkeit beim Absprung zu «übersetzen». Deshalb ist es durchaus fragwürdig, ob die Springer überhaupt versuchen sollten, ihre maximale Geschwindigkeit zu erreichen; denn einerseits müßte dazu ein relativ langer Anlauf gewählt werden und andererseits wird die Zeit, die für den Absprung zur Verfügung steht, dadurch stark verkürzt. Anfänger können durchaus kraftsparend anlaufen, also nicht zu lang und nicht mit maximaler Geschwindigkeit.

Bei der Wahl der Anlauflänge spielen individuelle Bedingungen die entscheidende Rolle, jedoch sollten es beim Anfänger nicht mehr als 15 bis 20 Schritte sein.

Die Wettkampfregeln erfordern beim Weitsprung durch die Festlegung des *Absprungs* eine hohe Anlaufgenauigkeit und liefern damit eine weitere große Erschwernis. Im Schulsport sollte allerdings mit dieser Zusatzaufgabe möglichst frei umgegangen werden. Hier wollen wir doch in erster Linie einen Sprung machen und nicht eine ‹Laufgenauigkeitsübung› ausführen. Ein wegen Übertretens ungültiger oder gar nicht ausgeführter Sprung ist im Schulsport immer ein Ärgernis.

In der Regel bietet es sich an, im Unterricht auf Anlagen mit dem Balken zu springen, das Übertreten aber nicht mit «ungültig» zu ahnden, sondern immer vom tatsächlichen Absprungpunkt aus zu messen; den Balken nicht getroffen zu haben, ist Nachteil genug.

So empfiehlt sich zunächst ein freier Absprungpunkt. Später kann ein Toleranzraum als Absprungzone und zuletzt im ‹richtigen› Wettbewerb auch der Absprungbalken als genauer Absprungpunkt festgehalten werden.

Es empfiehlt sich, frühzeitig bei Wettbewerben den Anlauf mit mindestens einer Zwischenmarke (etwa bei der Anlaufhälfte), die mit dem Absprungbein getroffen werden muß, zu kontrollieren. Der Springer kann sich dann besser auf den schwierigen Absprung konzentrieren.

Der eigentliche Absprung ist dadurch gekennzeichnet, daß dabei in einer sehr kurzen Zeitspanne bei hohen auftretenden Kräften eine Vielzahl verschiedener und recht komplexer Aktionen koordiniert werden müssen: Treffen des Balkens, Amortisierung eines Teils der Anlaufenergie beim Aufsetzen des Fußes durch elastisches Beugen von Hüft-, Knie- und Fußgelenk, Streckung der am Absprung beteiligten Gelenkkette, Schwungbeineinsatz, unterstützender Armeinsatz, aktive Kraftentfaltung bei günstiger Rumpfstellung.

Angesichts dieser Sachverhalte kann behauptet werden, daß der Weitsprung eine recht schwierige leichtathletische Disziplin ist, und man muß sich wundern, daß er dennoch in allen Wettkampfprogrammen und Mehrkämpfen der Schule und des Vereinssports auch für Anfänger seinen unverrückbaren Platz hat (Bundesjugendspiele, Sportabzeichen usw.). Schreiben wir diese Tatsache der Beliebtheit dieses Wettbewerbs und dem mit ihm verbundenen unmittelbaren Sprungerlebnis zu! Sicher spielt es aber auch eine Rolle, daß andere Sprungaufgaben für den Lehrer mehr Phantasie und Aufwand erfordern.

In der *Flugphase* geht es vor allem darum, das Gleichgewicht zu halten und mit einer wirkungsvollen Ausholbewegung eine günstige Landung zu ermöglichen. Ob das mit der einfachen Hangtechnik oder der sehr komplizierten Lauftechnik versucht wird, ist unwichtig. Die Bedeutung der verschiedenen Flugtechniken für die Weite wird jedenfalls von vielen Weitspringern, Trainern und Lehrern überschätzt.

Die Vorbereitung der *Landung* beginnt bei allen einfacheren Sprungtechniken sehr früh. In dieser Vorbereitungsphase muß mit den Bewegungen, die das Gleichgewicht sichern (hauptsächlich ausgleichende Armbewegungen), eine weiträumige Ausholbewegung für das Vorbringen der Beine bei der Landung koordiniert werden. Bei den komplexeren Sprungformen (Hangsprung und Laufsprung) erfolgt die eigentliche Landevorbereitung erst nach einer typischen Zwischenphase (ein- bis zweimaliges Senken des Schwungbeines vor der Landevorhalte).

In der Endphase der Landung geht es darum, die Voraussetzungen dafür zu schaffen, daß die Füße möglichst weit vor dem Körper aufsetzen können. Danach wird durch ein schnelles Beugen der Kniegelenke ein Zurückfallen verhindert (Abb. links).

Der Hocksprung (vgl. Bildreihe unten)
Der Hocksprung stellt die einfachste Form des Weitspringens dar. Er wird von jedem Anfänger, der sich selbst überlassen wird, immer wieder neu entdeckt.
Typisch für diese Sprungform ist, daß das Schwungbein nach dem Absprung vorne bleibt und das Sprungbein schnell daneben gebracht wird. Dadurch kommt es sofort nach dem Absprung zu der typischen Hockform, die diesem Sprung den Namen gegeben hat. Diese Position wird bis zur Landung, bei der die Unterschenkel nach vorn gebracht werden, beibehalten.
Die Vorteile dieses Sprunges liegen für den Anfänger in der einfachen Fluggestalt, die seiner Bewegungsvorstellung entspricht: Möglichst schnell die Beine so weit wie möglich nach vorn bringen. Außerdem wird der kräftige Schwungbeineinsatz nicht durch eine nachzuschaltende Zusatzaufgabe wie beim Hang- und Laufsprung (Schwungbein nach dem Absprung wieder aktiv nach unten bringen) belastet. Für kurze Weiten und Anfänger ist der Hocksprung also mit Sicherheit eine angemessene Sprungform.
Von Nachteil ist, daß sich bei weiteren Sprüngen leicht Gleichgewichtsprobleme einstellen. Außerdem ist es schwierig, die Vorhalte der Beine länger durchzuhalten.

In der Regel fallen die Beine zu früh herunter und es kommt zu einer ungünstigen Landung.

Wir wollen für diese Sprungform, die eigentlich noch nicht als eine Technik angesprochen werden kann, auch keine speziellen Übungsformen vorstellen. Hier ergibt sich vieles von selbst. So ‹natürlich› springen Kinder und Anfänger auch ohne Unterricht. Der Bewegungsablauf des Hocksprungs läßt sich jedoch intensivieren, wenn von einer Unterlage (Graswall an vielen älteren Hochsprunggruben, Sprungbrett im Freien, Kastendeckel in der Halle) abgesprungen und ein bewegliches Hindernis mit variablem Abstand und veränderlicher Höhe übersprungen wird. Auch die Sprungtreppe mit anschließend zu überspringendem Seil fördert die Sprunggestalt des Hocksprungs und macht viel Spaß (vgl. «ABC», Seite 73).

Der Schrittweitsprung (vgl. Bildreihe Seite 84/85 oben)
Der Schrittweitsprung ist eine relativ einfache Weiterentwicklung des Hocksprungs. Das im Absprung nach vorn gebrachte Schwungbein bleibt während der ganzen Flugphase vor dem Körper, und das Absprungbein bleibt in Schrittstellung hinter dem Schwungbein. Bei der Landung wird das Sprungbein energisch nach vorn neben das Schwungbein gebracht.

Die Vorteile dieses Sprunges gegenüber dem Hocksprung liegen vor allem darin, daß mit dem späten Heranführen des Sprungbeines die Landung akzentuiert gestaltet werden kann und nicht weitgehend passiv erfolgt wie beim Hocksprung.

Deshalb muß auch die Schrittstellung, die diesem Sprung den Namen gegeben hat, möglichst lange beibehalten werden und die nicht ganz einfach zu bewältigende Vorhalte (erfordert gute Bauchmuskeln) beidbeinig erst zuletzt erreicht werden.

Mit diesen Vorteilen ist der Schrittweitsprung eine erste ‹wirkliche› Sprungtechnik und damit auch ein sinnvoller Lerngegenstand für die Grundschule des Springens.

- Methodischer Aufbau:
- Steigesprünge (nach steilem Absprung auf dem Schwungbein landen) aus dem Traben,
- Steigesprünge aus dem lockeren Lauf hintereinandergesetzt,
- Steigesprünge aus dem Dreierrhythmus: eins-zwei-drei-Sprung, eins-zwei-drei-Sprung usw.,
- Sprunglauf mit aktivem ‹Greifen› bei der Landung,
- Betonung des Absprungs an der Kastenbahn, (Abbildungen unten),
- Hopsersprünge aneinanderreihen (energischer Schwungbeineinsatz, Landung auf dem Sprungbein, kurz danach vom landenden Schwungbein abspringen),

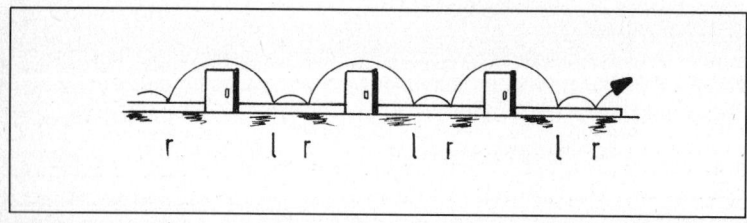

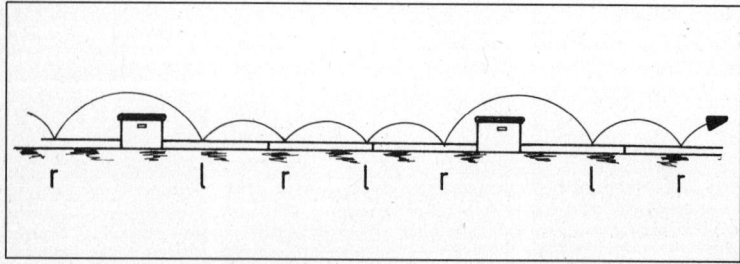

- Schrittsprünge aneinanderreihen (raumgreifende Schritte mit betontem wechselseitigen Abdruck, das Schwungbein wird lange vorn-oben gehalten),
- Kastensprünge mit Schrittsprung (Abb. Mitte),
- kurze Anläufe (5–7 Schritte), Absprung vom Brett oder Kastenoberteil, Schrittstellung im Flug betont lange halten und in der weichen, gut präparierten Grube (!) in Schrittstellung landen (Abb. unten),

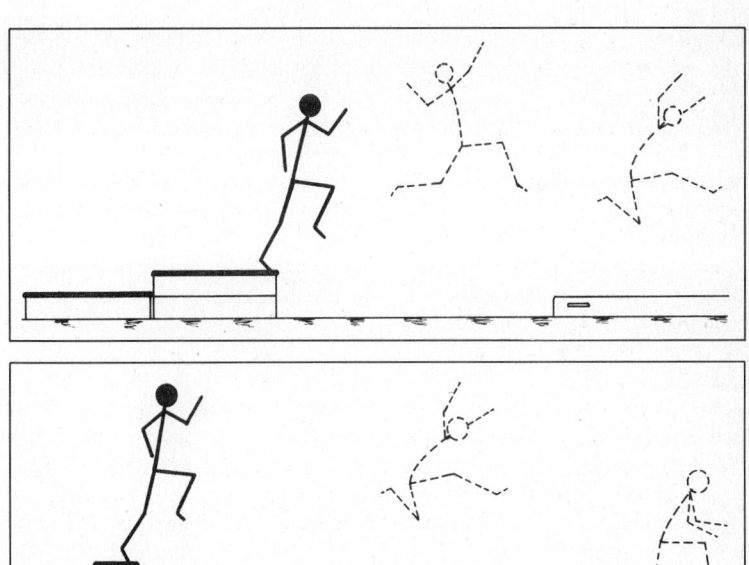

- kurzer Anlauf, erhöhter Absprung, Flug in Schrittstellung, voll ausgeführte beidbeinige Landung; die Absprunghilfen sollten nicht in der gleichen Stunde wieder weggenommen werden,
- Steigerung des Anlaufs, erhöhten Absprung beibehalten,
- mittlere Anläufe (11–13 Schritte), ohne erhöhten Absprung, voll landen,
- voller Anlauf, ohne erhöhten Absprung, volle Landung.

Einführung des Hangsprunges (vgl. Bildreihe oben)
Hangsprung und Laufsprung sind eigentlich nicht als Gegenstände der «Grundschule» des Springens anzusehen, sondern führen, sowohl was die konditionellen Voraussetzungen als auch die technischen Fähigkeiten angeht, darüber hinaus. Während der Hangsprung als neues Element lediglich die passive oder auch aktive (hitch-kick) Abwärtsbewegung des Schwungbeines einführt und damit einen ganz neuen Akzent setzt, wird im Laufsprung der Lauf ‹im Sprung› fortgesetzt (zweieinhalb oder eineinhalb Schritte).

Das erfordert einerseits eine sehr schwierige Koordinationsleistung und andererseits eine Mindestsprungweite, die über sechs Meter hinausgeht und damit jenseits der Möglichkeiten und Aufgaben einer Grundschule des Springens liegt. Deshalb werden wir nur kurz auf den Hangsprung eingehen.

Zentrales Ziel dieser Einführung des Hangsprunges ist es, die Schüler in den Stand zu setzen, nach einem kräftigen Absprung in die typische Hangphase zu kommen, ohne daß dabei der Absprung und das Steigen im Übersetzen zu früh abgebrochen werden.

Anfänger neigen anfangs dazu, nach dem Absprung, verbunden mit einem sehr flüchtigen Schwungbeineinsatz, sehr früh in eine ungünstige Hohlkreuzlage zu gelangen. Dabei wird die entspannte und gleichgewichtsstabile «Schwebehangphase» verfehlt.

- Methodischer Aufbau:
- Steigesprünge aus dem Traben, betonter Schwungbeineinsatz, nach dem Landen auf dem Schwungbein weitertraben, mehrere dieser Übungen hintereinanderschalten,
- aus dem Traben Absprung vom Brett oder Kastenoberteil mit deutlichem Schwungbeineinsatz; landen auf dem Schwungbein und weitertraben,
- allmähliche Steigerung des Anlaufs (bis zu sieben Schritten), Absprung, Landung auf dem Schwungbein und weiterlaufen (vgl. Bildreihe unten),
- Anlauf (sieben Schritte), Absprung vom Kastenoberteil, Hangphase möglichst lange halten, Landung durch spätes Vorbringen beider Beine.

Wenn Hangphase und Landung beherrscht werden, allmählicher Abbau der Kastenteile.

Fehlerbilder und Korrekturen
An dieser Stelle sei betont, daß das Fehlerbild nicht identisch mit der Fehlerursache sein muß, und daß das Fehlerbild häufig nur die Folge von Fehlern ist, die ganz woanders liegen. Ziel der Korrektur ist es in jedem Fall, die Fehlerursache abzustellen, nicht das Symptom zu beseitigen.

Fehlerbilder	Korrekturen
– Schwacher Schwungbeineinsatz	das Schwungbein beim Absprung betont hochreißen und beim Flug halten
– zu flache Flugbahn	zu große Vorlage vermeiden; Steigesprünge
– zu steile Flugbahn	zu große Rücklage vermeiden; Steigesprünge
– Sprungbein kommt zu früh nach vorn, dadurch fallen die Beine bei der Landung zu früh herunter	das Halten der Schrittstellung im Sprung üben, landen in Schrittstellung
– kein Hang	Hangphase beim Springen von der Kastenbahn betonen

Mehrfachsprünge

Gegen den Dreisprung im Rahmen des Schulsports werden immer wieder Bedenken vorgebracht. Viele Lehrer meinen, daß die dabei auftretenden Belastungen für die Muskulatur und Sprunggelenke zu hoch werden können. Wir glauben, daß diese Befürchtungen nur berechtigt sind, wenn der Dreisprung zu früh und ausschließlich mit vollen Anlauf eingeführt wird. Es gibt viele Möglichkeiten, den Dreisprung mit viel Spaß und ohne Gefahr auf der Mattenbahn, auf dem Rasen oder auch an der Sprunganlage zu betreiben.

Hier in der «Grundschule» liefert uns der Dreisprung vor allem Anregungen für den weiteren Ausbau der Mehrfachsprünge, die wir im «ABC» des Springens bereits vorgestellt haben. In der rechten Weise dosiert, sind die folgenden Übungsformen auch für die weitere Ausbildung der allgemeinen Sprungfähigkeit von hohem Wert. Ihre konditionelle und koordinative Anforderung besteht darin, aufeinanderfolgende Sprünge in Landung und erneutem Absprung zyklisch zu meistern.

Der Verbindung von Landung und erneutem Absprung dienen zunächst alle Formen der Mehrfachsprünge (aneinandergereihte Hüpf- und Hinksprünge). Dazu kommt der Sprunglauf mit betont langem Halten des Schwungbeins.

Beispiele für das einbeinige Mehrfachspringen in der Sprungbahn, die auch als Staffelwettbewerbe organisiert werden können:

- Steigesprünge oder Einbeinspringen von Reifen zu Reifen mit und ohne Zwischenhupf (zurück mit dem anderen Bein),

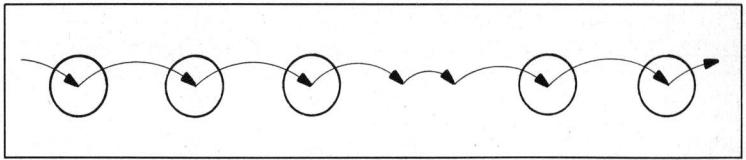

- Einbeinige Sprünge oder Laufsprünge über Hindernisse mit und ohne Zwischenhupf (zwischen den Kästen Matten längs oder quer),

- Einbeinsprünge hinüber, hinauf, hinunter (beim Herunterspringen beidbeinig landen),

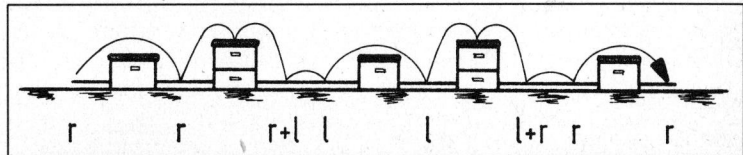

- mit einer bestimmten Anzahl von Sprüngen möglichst weit kommen, mit möglichst wenig Sprüngen eine bestimmte Strecke zurücklegen: a) l-r-l-r-l-r-...; b) l-l-l-r-r-r-...; c) l-l-r-r-l-l-r-r... (l = links, r = rechts),
- wie weit kommt man mit einem Sprung rechts und einem Sprung links, mit zwei Sprüngen rechts und zwei Sprüngen links, mit drei Sprüngen und frei gewählten Beinen?
- Springen von Matte zu Matte mit und ohne Zwischenhupf (Abstand variieren),
- Gitterspringen (nach SCHMOLINSKY): In ein rechteckiges Feld von

10 × 20 Metern Seitenlänge werden fünf bis sechs parallele Linien im Abstand von 1,80 bis 2,00 Metern gezogen. Auf einer Längsseite des Feldes stehen Keulen in Abständen von einem Meter als Markierungen. Von der gegenüberliegenden rechten oder linken Ecke des Feldes springen die Schüler zunächst durch das gegenüberstehende Keulenpaar, indem sie jeden Abschnitt des Feldes nur einmal berühren. Beim nächsten Durchgang springen sie vom gleichen Ausgangspunkt zum zweiten Keulenpaar usw.,

– Dreisprung aus dem Stand auf der Mattenbahn,

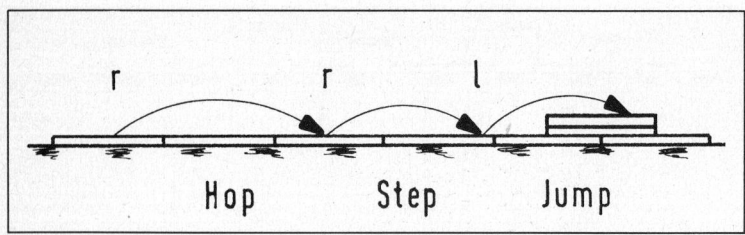

– Dreisprung auf der Mattenbahn mit drei und sieben Schritten Anlauf.
Ziel der beiden letzten Übungen ist es, den typischen Dreisprungrhythmus kennenzulernen, dabei den ‹Hop› nicht zu überziehen und den ‹Step› nicht zu kurz auszuführen.

Springen mit dem Stab

Was jeder Lehrer vom Springen mit dem Stab wissen sollte

Niemand wird behaupten, der Stabhochsprung sei eine einfache leichathletische Disziplin. Im Gegenteil, die wettkampfmäßige Beherrschung dieses Sprunges erfordert eine hohe physische und koordinative Leistungsfähigkeit. In der «Grundschule des Springens» wollen wir aber zeigen, daß man dennoch nicht auf den großen Erlebnisgehalt und die attraktive Lerngelegenheit dieser Bewegungsaufgabe im Schulsport verzichten muß. Man darf sich nur nicht zu früh und unvorbereitet an das Ziel «Stabhochspringen» heranmachen. Im Vorfeld dieser Aufgabe gibt es beim «Springen mit dem Stab» vieles, was leicht erreichbar ist, viel Spaß macht und schließlich einen Weg zum ‹richtigen› Stabhochspringen erschließt.

Was ist so schwer am Stabhochsprung? – Nur beim Stabhochsprung wird in der Leichtathletik ein Gerät direkt als Instrument bei der Lösung der Aufgabe benutzt. Darin und in der einfachen elementaren Form dieses Gerätes (Hebel) mag der besondere Reiz dieser Disziplin liegen, in der das normale Sprungvermögen um ein Vielfaches gesteigert werden kann. Biomechanisch besteht das Problem darin, die Kräfte des Anlaufs und des Absprungs so auf den Stab zu lenken, daß dieser sich aufrichtet und der Springer an ihm eine Aufschwungbewegung mit einer halben Drehung und anschließendem Abstoß vom Stab und abschließender Landung vollführen kann.

Die Voraussetzungen sind um so ungünstiger, je kleiner der Einstichwinkel des Stabes ist (also je höher gegriffen wird oder je kleiner die Reichhöhe des Springers ist) und je weiter weg vom Einstichpunkt des Stabes sich der Schwerpunkt des Gesamtsystems ‹Springer/Stab› befindet.

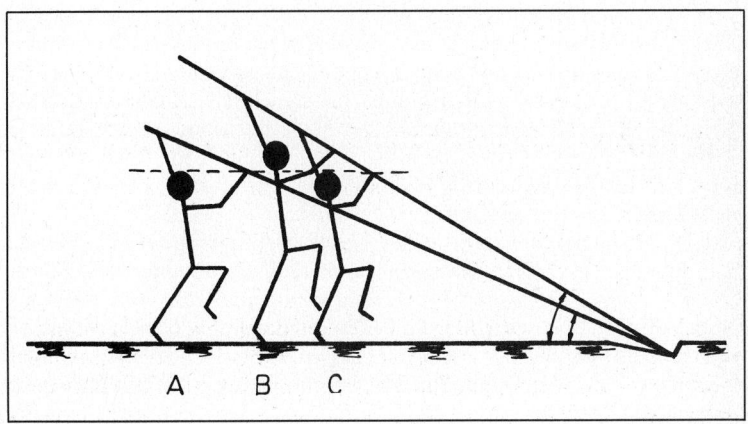

Am Anfang heißt es also, für möglichst günstige Verhältnisse zu sorgen: niedriger Griff mit möglichst großem Einstichwinkel und Tiefhalten des Schwerpunktes bei der Aufrichtebewegung (d. h. möglichst lange Arme und Beine gestreckt lassen).
Häufig ist dem Anfänger dabei das eigene Bewegunsgefühl im Wege; denn in seinem Bestreben, sofort nach dem Absprung nach oben zu kommen, zieht er zu früh die Arme an und versucht, die Beine nach oben zu bringen. Gerade dadurch (Verlagerung des gemeinsamen Schwerpunktes nach oben) werden ungünstige Bedingungen für die Aufrichtung geschaffen.
Wir wollen diese Schwierigkeiten möglichst vermeiden, indem wir zunächst gar keine Zielvorstellung ‹nach oben› aufkommen lassen, sondern ganz andere Aufgaben in der Grundschule des Stabspringens stellen: runterspringen, rüberspringen und weitspringen mit dem Stab. Wer dann noch Lust hat, kann weitermachen und auch stabhochspringen lernen. Hier geht es um das Erlebnis des Springens mit dem Stab, und das kann nicht nur über das Stabhochspringen erreicht werden.

Vorbereitungen
Fehlende Stäbe und Übungseinrichtungen sind für die Grundschule des Stabspringens kein Hindernis. Ein Bambusstab von reichlich Besenstiel-Dicke und zweieinhalb Meter Länge kostet in der Gardinenabteilung eines Kaufhauses oder in einer Gärtnerei circa fünf DM. Wenn man ein paar Rollen Isolier- oder Klebeband hinzurechnet, kann man für etwa 70 DM zusammen mit den Schülern zehn sehr brauchbare und attraktive Sprungstäbe für die zehn- bis vierzehnjährigen Schüler selbst herrichten. Auf das untere, dicke Ende werden zur Schonung und für die Rutschfestigkeit alte Tennisbälle gesteckt (Stuhl- oder Krückenkappen tun es auch). Selbstverständlich können auch ‹richtige› Sprungstäbe benutzt werden, sehr elastisch allerdings brauchen sie für unsere Zwecke noch nicht zu sein.
Als Übungsort am besten geeignet ist eine nicht zu schmale Weitsprunggrube; nicht umzubauende höhere Aufschüttungen oder ortsfeste Sprungkissen sind für unser Vorhaben zunächst eher hinderlich. Grundsätzlich kann das ganze Programm auch in der Halle mit einem relativ geringen Aufwand (mehrere Kästen, zwei Weichböden, eine Turnmatte) durchgeführt werden. Ein Vorteil im Freien besteht darin, daß das Einstichloch beliebig vertieft werden kann.
Die Verletzungsgefahr wird in der Regel stark überbewertet. Oberstes Prinzip muß sein, daß der Stab anfangs während des gesamten Bewegungsablaufes nicht losgelassen wird. Gefahrenmomente entstehen meist nur dann, wenn zu hoch gegriffen wird (der Stab kann sich dann nicht bis zur Senkrechten aufrichten und fällt zurück oder zur Seite), oder wenn der Stab mit einer oder beiden Händen zu früh losgelassen wird (dann kann die Landung nicht kontrolliert werden).

Springen mit dem Stab

Methodischer Aufbau
- *Voraussetzung: Greifen und Tragen des Stabes*

Der Rechtshänder legt den Stab auf die rechte Schulter und greift ihn von unten mit der rechten Hand neben dem Kinn. Die andere Hand greift etwa um Schulterbreite tiefer von oben auf den Stab.

Beim Laufen wird der Stab neben dem Körper in Hüfthöhe möglichst ruhig getragen. Dabei sollte der Stab waagerecht oder die Spitze in Kopfhöhe gehalten werden. Um ein ruhiges und gerades Tragen einzuüben, kann das Herunterstechen von Bällen, die auf hüfthohen Kästen liegen, geübt werden (Ritterspiel).

Die Griffhöhe sollte anfangs ungefähr mit der Reichhöhe bei senkrecht gestelltem Stab übereinstimmen; nach kurzer Zeit kann sie dann meist etwas erhöht werden.

Was der Stab als Gerät leistet (er trägt mich hinüber oder hinauf), kann in vereinfachter Form am Tau erfahren werden: Zunächst vom Schwebebalken auf gegenüberstehende Kästen schwingen, dann mit mehr Schwung über die Kästen auf den dahinter liegenden Weichboden schwingen.

Nun gliedern wir unser Gesamtvorhaben in 5 Schritte, die als aufeinanderfolgende Lernstufen oder Unterrichtseinheiten verstanden werden können (aber nicht müssen). Jeder Schritt trägt zunächst seinen Sinn in sich selbst; zusammen können sie auch als Bausteine einer Grundschule des Springens mit dem Stab aufgefaßt werden, aber das ist nur eine Anregung, keine Forderung.

(1) *Runterspringen:* Die Bildreihe unten zeigt den Geräteaufbau. Zunächst wird aus dem Stand (Schrittstellung: linkes Bein vorn, rechte Hand über dem Kopf, linke Hand vor der Brust) vom hohen Kasten auf den Weichboden gesprungen. Später wird ein Anlauf von drei Schritten probiert. Rechtshänder sollten mit dem linken Bein abspringen. Im Freien kann von einer natürlichen Rampe oder auch von einer Kastenbahn in die Weitsprunggrube gesprungen werden. Ein möglichst tiefer Einstichpunkt hat die gleiche Funktion (größerer Anstellwinkel).

(2) *Rüberspringen:* Die Höhe des Anlaufs wird verringert, die Aufsprungmatten werden möglichst auf die gleiche Höhe gestapelt. Der Abstand zwischen Kastenbahn und Mattenbahn kann allmählich vergrößert werden. Im Freien können Gräben in den Sand gezeichnet werden (unterschiedliche Breite), die übersprungen werden sollen.

Man kann auch einen ‹Laufsteg› mit Langbänken und darüber gelegten Turnmatten (drei Bänke nebeneinander im Abstand von zehn Zentimetern) bilden.

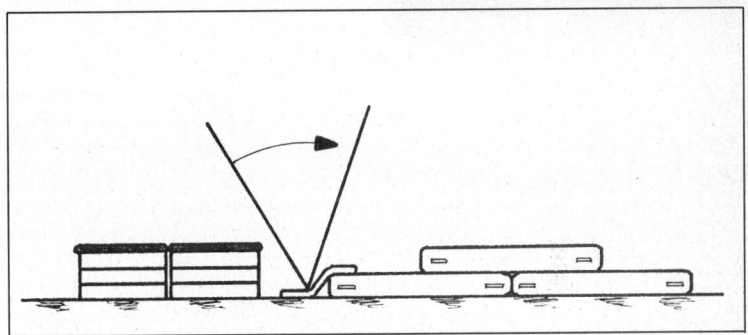

(3) *Weitspringen:* Die Höhe der Kastenbahn kann weiter verringert werden; nun soll so weit wie möglich gesprungen werden. Im Freien ist das Stabweitspringen leichter durchzuführen, weil der Anlauf beliebig verlängert werden und der Einstich ebenfalls problemlos vertieft werden kann. Die Vertiefung des Einstichs erleichtert die Aufrichtebewegung des Stabes sehr, weil dadurch der Anstellwinkel beim Absprung günstiger wird.

Wenn Anlauf, Einstich und gerader Sprung in die Grube oder auf die Weichböden zufriedenstellend koordiniert werden, kann die Drehung am Stab eingeführt werden (vgl. Fotos Seite 96 oben). Das macht überraschenderweise in der Regel keine Schwierigkeiten, weil es genügt, in der End-

phase des Sprunges einen kräftigen Armzug zu machen. Dieser führt dann (aufgrund der exentrischen Aufhängung zwischen rechtem und linkem Arm) automatisch zu einer Drehung um die Körperlängsachse um 180 Grad. Der Springer schaut nun zum Anlauf zurück. Viele Schüler realisieren diese Drehung auf Anhieb ohne jede Instruktion.

(4) *Raufspringen:* In der Halle sollte dafür eine etwas längere einteilige Kastenbahn ausgelegt und ein in der Höhe variabler Aufsprungberg gebaut werden. Auf den ‹Laufsteg› sollte nicht verzichtet werden, weil sonst der Einstichwinkel des Stabes zu ungünstig wird. Im Freien ist diese schöne Sprungform nur möglich, wenn eine komplette Stabhochsprunganlage zum Sprunghügel ausgebaut werden kann. Dabei treten dann zusätzlich die Probleme auf, daß der genormte Einstichkasten benutzt werden muß oder auch ein Laufsteg mit Kastenoberteilen aufgebaut werden muß.

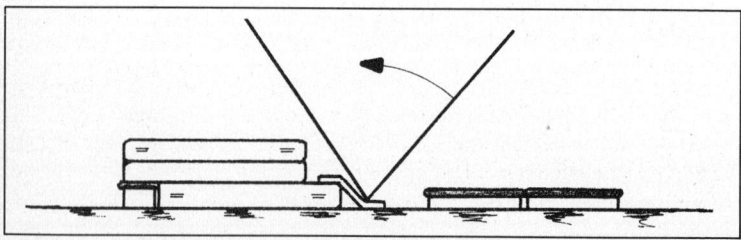

(5) *Vom Stabweitsprung zum Stabhochsprung:* Die Zielform «Stabhochspringen» läßt sich am einfachsten im Freien aus dem Stabweitspringen entwickeln. Dabei können vor allem die psychologischen Barrieren, wie sie anfangs beschrieben worden sind, vermieden werden.

Bei zunächst noch recht tiefem Einstichloch (50 Zentimeter) wird der Anlauf allmählich länger und schneller ausgeführt. Erst sehr spät, wenn der Stab sich deutlich über die Senkrechte hinaus aufgerichtet hat, sollen zuerst die Beine in Richtung auf die Hände zu gebeugt und dann die Arme kräftig angezogen werden, um die Drehung einzuleiten und am Stab Höhe zu gewinnen. Bei der Landung sollte der Springer den Stab noch mit beiden Händen festhalten (optimal ist es, wenn der Stab dabei auf der Schulter aufliegt) und in Richtung Anlauf zurückschauen.

Wenn festgestellt worden ist, wie weit auf diese Weise gesprungen werden kann, wird eine zu überspringende Markierung eingeführt: Der Lehrer oder ein Mitschüler hält ein leichtes Bambusstäbchen, das bei mißglücktem oder zu kurzem Sprung weggezogen werden kann, in dem zu erreichenden Abstand und in angemessener Höhe. Die Markierung wird dann allmählich näher an den Einstichpunkt gebracht und dabei auch immer höher gehalten. Die Notwendigkeit, den Stab zurückzuwerfen, stellt sich dann von einer ganz bestimmten Höhe an ganz von selbst ein. Bei dieser Übung sollte man nicht zu früh versuchen, die Position drei zu erreichen (Abb. unten). Geduld zahlt sich aus, und schließlich wird auch schon Position zwei von den Schülern als ‹richtiges› Stabhochspringen gewertet.

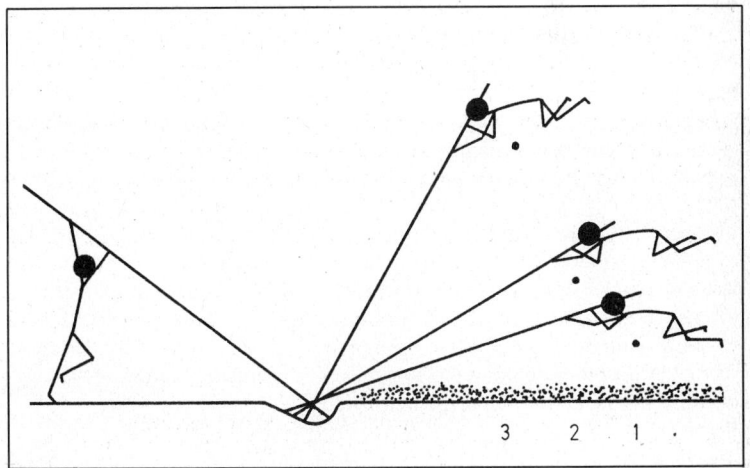

Hoch springen

Der Versuch, durch Springen Höhe zu erreichen, ist eine einfache, unmittelbare und daher auch sehr sportliche Herausforderung. In der Geschichte der Leibesübungen und des Sports ist diese Aufgabe sehr unterschiedlich immer wieder neu gelöst worden. In keiner anderen Disziplin finden wir im Laufe der Entwicklung so viele und so unterschiedliche Technikvarianten wie im Hochsprung: Hocksprung, Schneppersprung, Fechtersprung, einfacher und schottischer Schersprung, Eastern-cut-off (Scher-Kehr-Sprung), Horine- oder Flankenroller (Western-roll), Osborn- oder Rückenroller, Tauchroller, horizontaler Wälzer, Bauchwälzer, Tauchwälzer (Straddle) und zuletzt die Flop-Technik mit der sehr seltenen Hay-Variante. Die Flop-Technik hat sich (seit Dick Fosbury mit dem Olympiasieg 1968 in dieser Technik einen eindrucksvollen Akzent setzte) durchgesetzt. Heute ist also die ursprüngliche Vielfalt der individuellen Lösungsmöglichkeiten verschwunden und übrig geblieben ist eine einzige, offenbar optimale Technik, die allerdings an ganz bestimmte Ausführungsvoraussetzungen (Sprungkissen) gebunden ist.

Eine Grundschule des Hochspringens sollte dagegen die Gelegenheit bieten, verschiedene Lösungsformen des Hochspringens kennenzulernen und individuell zu erproben; mit einer gewissen Einschränkung ist es sogar möglich und sinnvoll, die einzelnen Stationen dieser Entwicklung nachzuvollziehen und im Unterricht zu rekonstruieren und damit als interessanten Lerngegenstand zu thematisieren.

Auch auf die Straddleformen soll dabei nicht völlig verzichtet werden; sie sind aber nach einer langen erfolgreichen Periode eher als technische und sportliche Sackgasse anzusehen. Diese Technik stellt zwar eine sehr interessante Stufe in der Hochsprungentwicklung dar, ist aber im Bewegungsablauf so komplex und anspruchsvoll was Sprungkraft und Sprunggewandtheit angeht, daß wir es uns allein aus Gründen der Vielfalt und Abwechslung eigentlich nicht leisten können, diesen langen und mühsamen Lernprozeß aufzurollen.

Einige Grundformen wollen wir dennoch vorstellen. Auch der Rollsprung hat heute keinen wettkampfmäßigen ‹Brauchwert› mehr, gehört aber nach unserer Auffassung dennoch in eine Grundschule des Hochspringens, weil er keine besonderen Rahmenbedingungen erfordert, leicht zu erlernen ist und im Gegensatz zum Straddle und auch Flop von Anfang an sehr sprungintensiv betrieben werden kann. Straddle und Flop verleiten den Anfänger zur ‹Lattenüberwindung unter Sprungverzicht› und zum ‹Abfaller rückwärts›. Außerdem stellt der Rollsprung eine organische Weiterentwicklung der sehr kindgemäßen Schersprungform dar.

Hoch springen

Was jeder Lehrer vom Hochsprung wissen sollte
Beim Hochsprung kommt es darauf an, über einen im Tempo wohldosierten Anlauf zu einem kraftvollen, möglichst steilen Absprung zu kommen, die Latte möglichst ökonomisch zu überqueren und sicher zu landen. Die einzelnen Techniken unterscheiden sich dabei äußerlich am deutlichsten im Hinblick auf die Gestaltung der Lattenüberquerung und Landung.
Anlauflänge und Anlaufgeschwindigkeit sind besonders beim Anfänger für die Sprungleistung von sekundärer Bedeutung. Eine Steigerung der Sprunghöhe ist über eine Intensivierung des Anlaufs (außer beim Flop) nur sehr schwer zu erreichen (obwohl das der Anfänger immer wieder versucht), weil durch einen schnelleren Anlauf vor allem die Umlenkung der Kräfte nach oben erschwert wird. Entweder reicht in der Amortisationsphase die Kraft nicht aus, oder zur Übersetzung steht nicht genügend Zeit zur Verfügung, und dadurch wird der Absprung zu flüchtig. Die Anlauflänge kann durchaus individuell gewählt werden, sollte jedoch durchschnittlich sieben bis elf Laufschritte betragen. Die Richtung des Anlaufs hängt stark von der Absprunggestalt ab (ob mit lattennahem oder lattenfernem Bein abgesprungen wird und wie der Schwungbeineinsatz erfolgt); beim Rollsprung und Straddle wird von der *Sprungbeinseite* her angelaufen, beim Schersprung und Flop von der *Schwungbeinseite*.
Der Absprungpunkt ist so zu wählen, daß während des Steigens die Latte nicht gerissen wird, und daß nach dem Flug über die Latte noch eine sichere Landung im Sand oder auf dem Sprungkissen möglich ist.

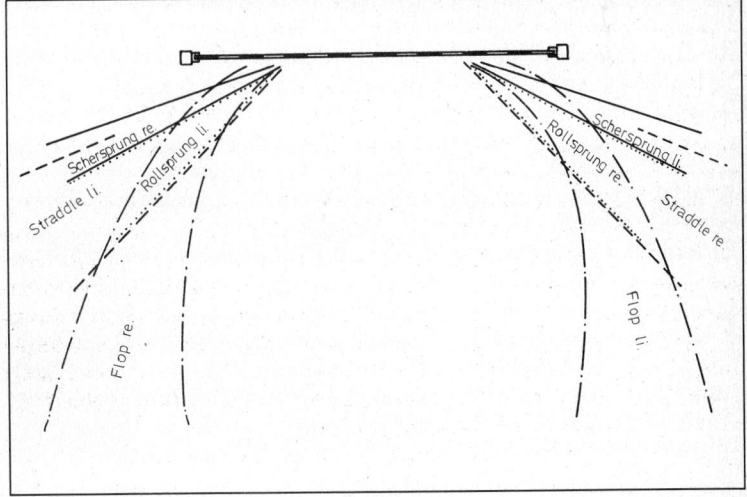

Um den Streckweg des Sprungbeins im Absprung zu verlängern und damit den Absprungimpuls zu vergrößern, versucht der Springer, über die beiden letzten Schritte verteilt, den Schwerpunkt etwas tiefer zu bringen, um damit eine stärkere Beugung im Absprungbein zu erreichen. Um eine steile Absprungrichtung zu erreichen, beginnt der Absprung aus einer leichten Rücklage, so daß im Augenblick der vollendeten Streckung sich der Rumpf genau über der gestreckten Gelenkkette des Sprungbeines befindet.

Das Schwungbein unterstützt den Absprung durch eine schnelle Aufwärtsbewegung, die am Ende abgebremst wird. Im Absprung müssen darüber hinaus alle Drehmomente für die unterschiedlichen Verlagerungen des Körpers während des Fluges miterzeugt werden; denn nach dem Absprung sind nur noch ‹Scheinrotationen› oder reaktive Rotationen möglich; die Bahn des Körperschwerpunktes kann nicht mehr beeinflußt werden.

Im wesentlichen müssen also im Absprung folgende Aufgaben erfüllt werden:
- Absenken des Körperschwerpunktes durch verstärkte Beugung des Sprungbeines,
- weitgehende Abbremsung des Anlaufs (Amortisation),
- der Absprungimpuls muß durch die Streckung des Sprungbeins möglichst steil auf den Rumpf gerichtet werden,
- Unterstützung des Absprungs durch einen kräftigen und wohlkoordinierten Schwungbeineinsatz,
- Erzeugung aller Drehmomente, die für die Verlagerung nach dem Absprung nötig sind.

Die Armarbeit, die eine ähnliche unterstützende Funktion wie das Schwungbein hat, sollte in der Grundschule nicht differenziert (einfacher Einsatz oder Doppelarmtechnik) angesprochen werden; es ist lediglich darauf zu achten, daß die Absprungbewegung nicht durch eine falsche Armarbeit behindert wird.

Bei der Lattenüberquerung geht es im wesentlichen darum, den Körper des Springers möglichst ökonomisch (also unter Vermeidung unnötiger Höhe gegenüber der Lattenhöhe, d. h. mit optimaler ‹Nettohöhe›) über das Hindernis zu bringen. Hier liegen die auffälligsten Unterschiede zwischen den historisch gewachsenen Sprungformen. Man kann die Entwicklung des Hochsprungs charakterisieren als das ständige Bemühen, beim Überqueren der Latte immer weniger Körpermasse unnötig hoch zu transportieren (‹Bruttohöhe›) im Vergleich zur tatsächlich übersprungenen Höhe. Bei diesen Bemühungen sind hochinteressante, zum Teil kuriose und verblüffende Lösungen gefunden worden, wobei zeitweise auch die bestehenden Wettkampfregeln einen starken Einfluß gehabt haben. Daß sich allerdings heute der Flop uneingeschränkt durchgesetzt hat, liegt weniger an der auffälligen Art der Lattenüberquerung als an der besonders funktionalen Art, die diese Sprungtechnik im Absprung bietet.

Die Landung (auf dem Schwungbein oder Sprungbein, auf Händen und Füßen, auf dem Rücken) hängt im wesentlichen von der Art der Lattenüberquerung und der Aufsprungunterlage (Sand oder Sprungkissen) ab. Der Flop ist ohne ein ausreichend großes und weiches Sprungkissen nicht durchführbar.

Der Schersprung (vgl. Bildreihe)
Dieser Sprung stellt die einfachste Form des Hochsprungs dar. Er wird in der Regel von den Kindern selbst gefunden oder neu ‹erfunden›. Der Schersprung ist eine typische – man ist versucht zu sagen ‹natürliche› – Zugangsform zum Hochspringen und bleibt für eine ganze Reihe von Schülerinnen und Schülern auch der einzige und ständig praktizierte Sprung.
Da die Differenz zwischen tatsächlich gesprungener Höhe und gemessener Lattenhöhe für jeden deutlich sehr ungünstig ist, haben die Scherspringer immer (bevor eine ökonomische Technik zur Verfügung stand) versucht, über Lösungsvarianten günstigere Bedingungen zu finden. All diese Formen sind heute angesichts der Dominanz des Flops unzweckmäßig geworden. Als interessante und abwechslungsreiche Lerngelegenheit sind sie

häufig zu aufwendig und sperrig (etwa die Scher-Kehr-Sprünge). Wir beschäftigen uns deshalb hier nur mit der einfachsten und sehr schnell zu erlernenden Grundform des Schersprungs, die auch beim Erlernen des Flops gute Dienste tut.

Der Anlauf erfolgt schräg von der Schwungbeinseite her. Abgesprungen wird mit dem lattenfernen Bein; das Schwungbein wird aus einer leichten Rücklage hochgeschwungen (gestreckt oder leicht gebeugt) und seitwärts über die Latte geschoben (dabei neigt sich der Oberkörper leicht nach vorn) und hinter der Latte nach unten gedrückt; das Sprungbein wird in der gleichen Weise nachgebracht. Dabei richtet sich der Oberkörper wieder auf und es wird auf dem Schwungbein, das zuerst Boden faßt, gelandet. Der Sprungverlauf geht also vom Sprungbein auf das Schwungbein.

Die Vorteile dieser Sprungform liegen in der sehr einfachen Koordination von Anlauf, Absprung, Lattenüberquerung und Landung; denn der Sprung setzt relativ unverändert die Laufbewegung des Anlaufs fort (nach dem Niedersprung kann z. B. sehr leicht weitergelaufen werden, ein Indiz dafür, daß der zyklische Gesamtcharakter dieses Bewegungsablaufs nur wenig unterbrochen wird). Der Springer ‹schreitet› gewissermaßen über die Latte. Außerdem ist ein sehr steiler Absprung als Voraussetzung für eine günstige Ausnutzung der Sprungkraft leicht zu ermöglichen. Die Landung ist auch für den Anfänger unproblematisch. Ein deutlich erhöhter Aufsprung (Sandhaufen oder Sprungkissen) erweist sich allerdings bei niedrigen Höhen eher als ungünstig. Die Nachteile liegen in der bereits erwähnten unzweckmäßigen Lattenüberquerung und in der begrenzten Möglichkeit, diese Technik weiterzuentwickeln.

• *Übungsformen*
– Hocksprünge von vorn, erst auf beiden Beinen landen, dann nur auf dem Schwungbein, weiterlaufen,
– Anlaufen, Absprung, Schwungbeineinsatz gegen einen aufgehängten oder hochgehaltenen Gegenstand,
– Aufbau mit vier Kästen, Fechtersprünge (die innere Hand setzt auf), Rechtsspringer von rechts, Linksspringer von links (einfädeln am Kreuzungspunkt – Abb. links)
– Schersprung mit drei Schritten Anlauf, dann Anlauf verlängern.

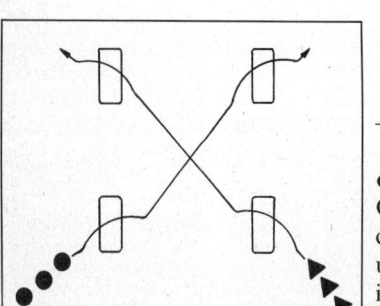

• *Fehlerbilder und Korrekturen*
Grundsätzlich sollte an dieser einfachen Sprungform nicht zuviel herumkorrigiert werden. Dieser Sprung ist ganz auf Erprobung und erste Erfahrungen ausgerichtet.

Am häufigsten ist ein zu flüchtiger Absprung festzustellen, weil zu früh mit dem Schwungbein die Lattenüberquerung angestrebt wird (das Schwungbein wird zu früh in Richtung Sprunggrube verschoben). Auch tendieren Anfänger zu einem zu spitzen Anlaufwinkel, der dazu führt, daß die Latte mit dem Nachziehbein gerissen wird. Zu naher oder zu ferner Absprung können leicht durch Anlauf- und Absprungmarkierungen behoben werden.

Der Rollsprung
Die Rollsprungformen sind, verglichen mit dem Schersprung, durchaus als produktive technische Weiterentwicklung anzusehen, die zudem auch Anfängern keine allzu großen Lernprobleme stellen. In einer Grundschule des Springens kann diese Form deshalb auch einen sinnvollen Platz einnehmen, weil sie gegenüber dem Schersprung eine echte Alternative darstellt und vor allem da, wo ein geeignetes Sprungkissen fehlt, auch den Flop ersetzen kann.

Von den verschiedenen Formen des Rollsprungs konzentrieren wir uns auf den gehockten Rollsprung mit einer Tauchbewegung, den «Tauchroller».

Er ist leicht erlernbar und wird von den Schülern als vollwertige Technik akzeptiert:
Der Anlauf erfolgt deutlicher von vorn als beim Schersprung; etwa 60 Grad von der Sprungbeinseite (vgl. Abb. Seite 99). Abgesprungen wird mit dem lattennahen Bein. Nach dem Absprung mit gebeugtem Schwungbeineinsatz legt der Springer sich leicht zur Sprungbeinseite und schiebt das Schwungbein gebeugt über die Latte. Das Sprungbein wird nachgezogen und überquert die Latte unter dem Schwungbein (Sprungbein gegen die Brust ziehen). Dabei rollt sich der Springer mit rundem Rücken über die Latte (Rollbewegung um die Körperlängsachse) und strebt mit dem Kopf und beiden Armen (Sprungbein voraus) in die Grube. Am sichersten erfolgt die Landung gleichzeitig auf beiden Händen und dem Sprungbein (Dreipunkt-Landung).

Die Vorteile dieses Sprunges liegen in dem unkomplizierten und harmonischen Bewegungsablauf (der Rumpf kann im Absprung gut ‹getroffen› werden und die Drehung erfolgt in Sprungrichtung). Der Nachteil besteht in der immer noch sehr unökonomischen Lattenüberquerung (große «Bruttohöhe»).

- *Methodischer Aufbau*
- Hocksprung aus dem senkrechten Anlauf zur Latte,
- Betonung des Schwungbeineinsatzes beim Hocksprung, Sprungbein wird energisch nachgezogen,
- Hocksprung mit einer Vierteldrehung zur Sprungbeinseite,
- Hocksprung mit einer Vierteldrehung zur Sprungbeinseite und Landung auf dem Sprungbein,
- nun wird der Anlauf schräger zur Sprungbeinseite hin angelegt, nach der Landung zur Anlaufseite hin aus der Grube laufen,
- allmählich die Höhe steigern und eine betonte Abwärtsbewegung der Arme, des Kopfes und des Sprungbeines nach der Lattenüberquerung einführen.

- *Fehlerbilder und Korrekturen*

Fehlerbilder	Korrekturen
– die Schüler neigen sich nach dem Absprung zu früh zur Sprungbeinseite	Steigesprünge von vorn wiederholen
– der Absprung erfolgt zu weit vor der Latte; dadurch erfolgt auch die Landung weit hinter der Latte	Steigesprünge, Absprungstelle markieren, Anlauf festlegen

Der Straddle (Wälzsprung)

Es kann kein Zweifel daran bestehen, daß der Straddle heute praktisch aus dem Wettkampfgeschehen verschwunden ist. Diese Technik hat sehr lange das Hochspringen beherrscht und eine großartige Weiterentwicklung dieser Disziplin ermöglicht. Man mag ihr Verschwinden bedauern und die Alleinherrschaft des Flop beklagen, vielleicht auch dessen Einfachheit und Effektivität bezweifeln, jedoch: Der Flop hat das Monopol auf dem Wettkampfmarkt.

Der Schulsport aber ist von diesem Markt nicht abhängig; er kann durchaus seine eigenen Wege gehen, sie müssen lediglich pädagogisch in eine sinnvolle Richtung führen. So ist für uns der Straddle immer noch eine interessante Lösungsmöglichkeit der Aufgabe, in die Höhe zu springen; denn er unterscheidet sich von anderen Formen vor allem durch zwei Merkmale: Es wird von einem Bein auf das andere gesprungen (vom Sprungbein auf das Schwungbein), und bei der Überquerung der Latte wird in einer Wälzbewegung die Bauchseite der Latte zugewendet. Auf diese beiden Merkmale werden wir auch bei unseren methodischen Vorschlägen besonderen Wert legen; in ihnen liegt die Unverwechselbarkeit des Straddle.

Auf diese Weise wird der Bewegungsablauf des Straddle auf seine markanten und einfachen Merkmale reduziert: Schrägrolle (vor-seitwärts) mit Froschhaltung (ZACHARIAS 1982). Wir ergänzen dieses für die Praxis durch folgende methodische Vorschläge:
- Drehsprünge um 180 Grad von links auf rechts oder von rechts auf links,
- Höhe der Drehsprünge steigern, dabei Froschhaltung einnehmen,

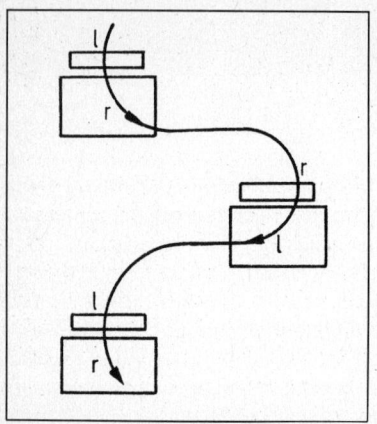

- Im Sprungslalom über Kastenteile auf Matten beidseitig üben, über die Schulter abrollen (Abb. links),
- Drehsprünge über die eingehängte Langbank; mit der Innenhand abstützen; mehrere Langbänke hintereinanderschalten (Abb. unten links),
- Über ein Pferd auf einen Mattenberg abrollen; zuerst abstützen, dann ohne Abstützung (Abb. unten),
- Sprünge mit verschieden geneigten Latten zur Erleichterung der Wälzbewegung, zw. zur Betonung der Tauchbewegung.

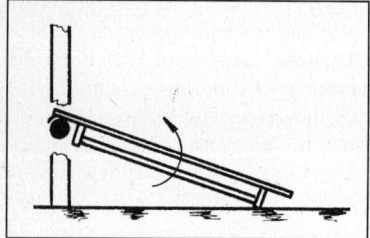
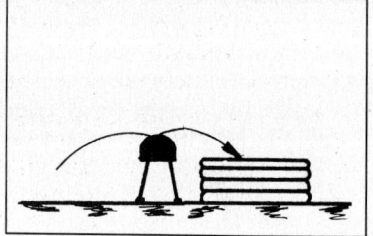

● *Fehlerbilder und Korrekturen*

Fehlerbilder	Korrekturen
– Es wird ohne richtigen Absprung zu früh zur Latte gedreht	Absprungübungen
– Es wird mit beiden Armen voran gehechtet	mit Abstützung springen, die Stützhand darf erst spät über die Latte genommen werden; Froschhaltung bis zur Landung beibehalten

Der Flop

Es besteht kein Zweifel mehr darüber, daß die von Dick Fosbury entwikkelte Flop-Technik den Hochsprung seit 1968 revolutioniert hat. Was zunächst aussah wie das einmalige Kunststück eines hochbegabten motorischen Exzentrikers, hat sich inzwischen als außerordentlich ökonomische und auf breitester Ebene erfolgreiche Sprungtechnik durchgesetzt. Daß gerade die Leistungen bei Jugendlichen, Frauen und nichtspezialisierten Mehrkämpfern mit dem Flop so deutlich gesteigert werden konnten, ist ein Beleg dafür, daß dieser Sprung auch ohne langfristiges Sprungkrafttraining und ohne aufwendige Technikschulung relativ leicht zu erlernen ist. Auch die anfangs immer wieder befürchtete große Gefährlichkeit hat sich nicht bestätigt.

Bereits im Anlauf unterscheidet sich der Flop deutlich von allen bisher beschriebenen Sprüngen: Es wird von der Schwungbeinseite her bogenförmig und relativ schnell angelaufen (vgl. Abb. Seite 99). Die Anlauflänge kann individuell unterschiedlich sein, sollte aber im Durchschnitt bei neun Schritten liegen. Über die Funktion des bogenförmigen Anlaufs ist viel diskutiert worden; unumstritten ist die Erklärung, daß mit der dadurch verbundenen

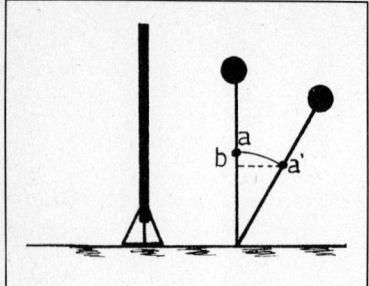

Innenlage eine für alle Hochsprünge sinnvolle Absenkung des Körperschwerpunktes automatisch erfolgt (Abb. links, a–a'), die beim Absprung in der Amortisationsphase in der Aufrichtebewegung wieder rückgängig gemacht wird; in diese automatische Anhebung des Schwerpunktes (b) hinein trifft der Absprungimpuls den Körper.

Im Zusammenhang mit einer Grundschule des Springens ist es nicht sinnvoll, die gesamte, recht kontroverse und sehr schwierige Theoriediskussion aufzurollen. Hier geht es darum, die *Grundprinzipien* zu verstehen, mit denen man diese Technik erklären kann, und vernünftige praktische Konsequenzen daraus zu ziehen.

Neben dem Aufrichteimpuls nimmt der Springer aus dem Absprung einen Drehimpuls um die Körpertiefenachse (die Beine sind später höher als der Kopf) und um die Körperlängsachse (die Schulterachse steht beim Absprung senkrecht zur Latte, später ist sie der Latte parallel) mit.

Die Lattenüberquerung erfolgt mit dem Rücken zur Latte und Matte. Die Beine werden relativ spät über die Latte gebracht, wobei die Ausweichbewegung der Beine nach oben im Vergleich zu allen anderen Techniken besonders einfach und effektiv ist. Die Landung erfolgt auf dem runden Rücken, das Kinn wird dabei auf die Brust genommen.

Die Vorteile dieses Sprunges liegen vor allem in den günstigen Absprungbedingungen: automatische Anhebung des Körperschwerpunktes, günstige Rumpfhaltung über dem sich streckenden Sprungbein (vorteilhaft auch für die Erzeugung der Drehmomente), unkompliziertes Steigen, gute Übersetzbarkeit eines recht hohen Anlauftempos und nicht zuletzt eine sehr wirksame Ausweichbewegung der Beine bei der Lattenüberquerung.

Ein Nachteil kann vorübergehend in einer psychischen Sperre vor dem Rückwärtsspringen (man sieht nicht, wohin man springt) bestehen; außerdem ist nachteilig, daß nur auf einer recht teuren Anlage absolut gefahrlos gesprungen werden kann. Hat eine Schule oder ein Verein allerdings einmal ein Sprungkissen angeschafft, dann wird der Übungsbetrieb durch die problemlose Verlegbarkeit der Anlage auch sehr erleichtert.

Der Flop

- *Übungsformen*
- bogenförmiges Laufen; Achter- und Schlangenlauf mit Temposteigerung an den Markierungen (Spiel mit der Fliehkraft und Innenlage),

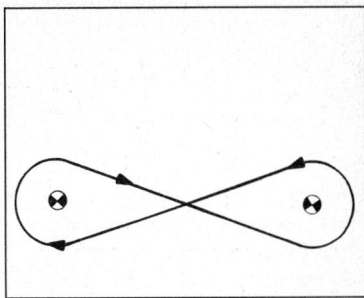

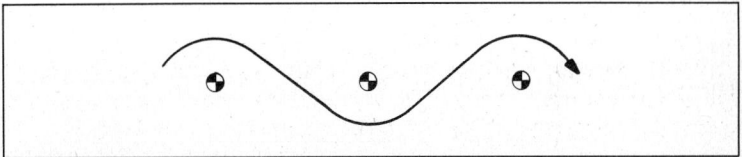

- Absprungübungen aus dem bogenförmigen Anlauf (z. B. mit Absprung unter dem Basketballkorb),
- Schersprung aus dem bogenförmigen Anlauf (vor allem langsame Schüler sollten keine zu großen Radien wählen),
- Standflop aus der Seitstellung auf den Rücken,
- Flop mit drei bis fünf Gehschritten,
- Standflop rückwärts nur, wenn die oben beschriebene Sperre auftritt,
- einbeinige und beidbeinige Absprünge vom kleinen Kasten mit und ohne Anlauf (auf keinen Fall vom Minitrampolin!).

- *Fehlerbilder und Korrekturen*

Fehlerbilder	Korrekturen
– Anlauf zuerst zu schnell, dann zu langsam	Laufrhythmus vorgeben (Klatschen)
– Anlauf ist (vor allem im Schlußteil) nicht bogenförmig	Markierungen anbringen
– beidbeiniger Absprung	Absprungübungen aus dem bogenförmigen Anlauf; Schersprung aus dem bogenförmigen Anlauf
– Radius zu groß/klein	Markierungen anbringen

Fehlerbilder	Korrekturen
– zu naher oder zu weiter Absprung, Springer läuft zu weit an der Latte vorbei	Absprungstelle markieren
– Schüler ‹reißt› mit dem Gesäß, Beine und Oberkörper werden zu früh angenähert (Klappmesser)	es muß am Absprung gearbeitet werden, die Rotation um die Körpertiefenachse ist zu gering; Kinn auf der Brust verhindert das freie Heben des Beckens
– der Oberkörper neigt sich zu früh zur Latte (‹Abfaller rückwärts›); wird häufig durch eine frühe Armbewegung über die Latte eingeleitet	Absprung betonen, Anlauf steigern und die Innenlage u. U. durch einen engeren Laufradius vergrößern, auf Schersprung zurückgreifen

Der Hochweitsprung, Weithochsprung

In der «Grundschule des Springens» wollen wir auch auf diese interessante Aufgabenkombination hinweisen. Sie wurde früher als leichtathletische Disziplin auch wettkampfmäßig betrieben, kann aber heute eigentlich als vergessen gelten. Nach unseren Erfahrungen lohnt es sich sehr, diesen Sprung wieder zu erproben und vielleicht sogar in das Programm eines Schulsportfestes aufzunehmen. In die Weite und Höhe gleichzeitig zu springen hat als Aufgabe einen sehr ‹natürlichen› Anforderungscharakter. Das Ziel besteht darin, in der Addition von Weite und Höhe einen möglichst großen Wert zu erreichen; gesteigert wird jeweils um den doppelten Höhenbetrag in die Weite. Beginnt der Wettkampf z. B. bei einer Weite von drei Metern und einer Höhe von 50 Zentimetern so wird immer um zehn Zentimeter in die Weite und fünf Zentimeter in die Höhe gesteigert; es können mehrere Versuche pro eingestellter Anforderung gemacht werden (z. B. Hochsprungregel); auch andere Wettkampfbedingungen sind möglich (z. B. jeder hat drei oder sechs Versuche wie beim Weitsprung).

Diese Aufgabe führt in der Regel zu einem Hochweitsprung mit einem steileren Absprung als der reine Weitsprung und einer Streckung des Körpers über der Latte. Neben dem ‹Weitsprung, der in die Höhe zielt› (Hochweitsprung) kann unter denselben Bedingungen auch ein ‹Hochsprung, der in die Weite zielt› (Weithochsprung) durchgeführt werden. Hier beginnt der Wettkampf z. B. bei zwei Metern Weite und einem Meter Höhe.

Der Sprung kann einfach mit Bandmaß, Sprungständern und einer Zauberschnur organisiert werden, man kann aber auch mit den Schülern versuchen, eine spezielle Sprungvorrichtung zu bauen, so wie sie auf dem folgenden historischen Foto zu sehen ist.

Quelle: P. HENTZSCHEL: Volkstümliche Übungen. Magdeburg o. J., 32.

Wettkampfideen
Neben den üblichen Wettkampfregeln (nach drei Fehlversuchen hintereinander scheidet man aus) lassen sich mit allen Techniken folgende Wettkampfformen durchführen:
- *Hochsprung relativ:* Bei wem ist die Differenz zwischen erzielter Höhe und Körpergröße am geringsten?
- *Begrenzte Zahl der Versuche:* Wer erreicht mit insgesamt drei/fünf Versuchen die größte Höhe?
- *Hochsprung-Mehrkampf:* Wer erreicht mit drei verschiedenen Techniken (Schersprung, Rollsprung/Straddle, Flop) die größte Gesamthöhe?
- *Sprung links und rechts* in der Addition.

Werfen und Stoßen

Werfen und Stoßen sind Bewegungsformen mit einem grundsätzlichen Unterschied gegenüber Laufen und Springen: Letztlich kommt es nicht darauf an, sich selbst zu bewegen – das ist nur Mittel zum Zweck; es geht vielmehr darum, einen Gegenstand zu beschleunigen und auf eine Flugbahn zu bringen.
Damit hängt zusammen, daß Erfahrungen und Empfindungen, die das Werfen und Stoßen auslösen kann, andere sind. Mit dem eigenen Körper geschieht nur wenig. Abgesehen von der schönen, aber nicht gleich von jedem erlebbaren Empfindung, Spannung im Körper zu sammeln, sie explosiv zu entladen und ‹wie eine Feder› auf ein Gerät zu übertragen, fehlen weitere eindrucksvolle Körpererfahrungen, wie sie z. B. das Laufen und Springen bieten können. An ihre Stelle treten aber beim Werfen und Stoßen die Erfahrungen mit den Umgangsqualitäten der Geräte – *materiale Erfahrungen*: Ball, Speer, Kugel, Diskus usw. kann ich sehen, während sie fliegen; ich kann sofort erkennen, was ich an ihnen bewirkt habe. Ich sehe, auf welcher Flugbahn sich das Gerät bewegt und wo es aufkommt. Wenn es nicht ein Ball oder eine Kugel ist, nehme ich zusätzlich wahr, wie es in der Luft liegt und welche Bewegungen um eigene Achsen es ausführt. Darin liegen besondere Reize – für das Denken und Fühlen:

Ich kann versuchen,
– eine bestimmte Flugbahn zu verwirklichen,
– ein bestimmtes Flugverhalten zu erreichen,
– eine bestimmte Zielfläche zu treffen,
– möglichst weit zu kommen.
Ob und inwieweit ich in einer dieser Hinsichten Erfolg habe, sehe ich beim Wurf und Stoß sofort. Das vermittelt, wenn es gelingt, eine ‹Freude am Effekt›, die nicht nur Kinder immer wieder begeistert.

Nicht jedes Gerät bietet in dieser Hinsicht jedoch gleich viel (Kugel und Ball wohl am wenigsten), und besonders das oberste sportliche Bewegungsziel, eine möglichst große Weite zu erreichen, kann mit Enttäuschungen verbunden sein: Die Kugel mit genormtem Wettkampfgewicht, die nach 6 Metern auf den Boden plumpst, ist für den ‹Durchschnittsschüler› eher ein Ärgernis.

Aus diesen Gründen empfehlen wir, das Werfen und Stoßen zunächst unter das *Prinzip der Vielfalt* zu stellen:

● Wir geben Hinweise für das Werfen und Stoßen mit Ball, Kugel, Speer und Scheibe – aber auch mit Geräten, die in der Wettkampfleichtathletik nicht üblich sind. Geräte wie Bumerang und Frisbee, die im Flugverhalten besondere Sensationen bereithalten, jedoch ganz anders geworfen werden müssen, lassen wir allerdings außer Betracht.

● Wir konzentrieren uns bei unseren Hinweisen – besonders im «ABC» – nicht sofort auf die Weite. Im Treffen eines Ziels, im Erreichen bestimmter Flugbahnen und Flugverhalten sehen wir Bewegungsziele, die im Unterricht mit Schülern auch einen eigenständigen Wert erhalten sollen: Es spricht vieles dafür, daß Werfen und Stoßen dadurch nicht nur interessanter werden, sondern auch Technik und Weite günstig beeinflußt werden.

Es geht also zuerst um vielseitiges Werfen – bei verschiedenen Anlässen, an verschiedenen Orten, mit unterschiedlichen Geräten und Absichten, allein oder in der Gruppe. Deshalb wird das «ABC des Werfens und Stoßens» in diesem Kapitel gegenüber dem Lauf- und Sprung-ABC besonders umfangreich behandelt.

Auch in die leichtathletiknähere «Grundschule» sollten immer wieder Formen aus dem «ABC» einfließen; denn hier bietet der Blick in die Leichtathletikgeschichte viel weniger Anreize als beim Sprung. Das Werfen des Speers mit der Fingerschlinge oder das Freistilwerfen mit Anschieben des Speerendes (Abb. unten) scheint wenig brauchbar und sinnvoll zu sein; das Schleudern dieses Geräts aus einer Drehung heraus ist zu gefährlich. Lediglich auf frühere Formen des Stoßens und die alte Regel, mit dem rechten und linken Arm zu werfen, wird in der Grundschule eingegangen. Die große Bedeutung des variantenreichen «ABC» vor und neben der ‹eigentlichen› Leichtathletik steht also

Abb. links: Die bevorzugte Technik beim «Freistil» (aus Hoke, R. J.: Geschichtliche Entwicklung der Speerwurftechnik. In: *Leichtathletik* 1967, 319–322, 349–351)

also gerade im Hinblick auf das Werfen und Stoßen außer Frage. Es wäre auch mißverstanden, wenn seine vielfältigen Formen lediglich für die jüngeren Altersstufen reserviert würden.

Warum dann aber überhaupt noch eine eher ‹produktorientierte› Grundschule? Das traditionelle Werfen auf Weite leistet einen wichtigen Beitrag zum Erwerb eines Teils der primären Bewegungsgrunderfahrung, der in anderen Sportarten nicht erfahrbar ist. Im Gegensatz zum Zielwerfen – Kernbestand vieler Sportspiele – wird das ‹Möglichst-weit-Werfen› nirgends zum Thema gemacht. Insofern sind die hier in der Leichtathletik zu machenden Erfahrungen nicht austauschbar.

Die Frage, ob eine leichtathletiknähere Grundschule sinnvoll sei, erübrigt sich auch deshalb, weil Schüler von den Techniken des Werfens und Stoßens durchaus eine grobe Bewegungsvorstellung haben (Medien). Nicht selten wollen – zumindest einige von ihnen – diese auch einmal ausprobieren, sobald der Komplex «Werfen» im Unterricht aufgegriffen wird. Sie kennen natürlich die dabei verfolgten Bewegungsziele und wissen, daß ein Wolfermann oder Lusis nicht nach Luftballons wirft, sondern die 90-m-Marke zu übertreffen versucht. Schon Kinder vergleichen sich außerhalb der Schule beim Werfen mit Steinen oder Schneebällen, und ganz sicher wollen nicht wenige Jugendliche auch mit ‹richtigen› Geräten auf Weite werfen. Hierfür brauchen sie Hilfestellung, Kenntnisse und Fertigkeiten der Grundschule.

Das «ABC» des Werfens und Stoßens – vielfältiges Werfen und Stoßen vor und neben der Leichtathletik

Werfen und Stoßen in leichtathletischen Wettkämpfen besteht aus vier Disziplinen: dem Kugelstoßen, Speer-, Diskus- und Hammerwurf. Bewegungsziel ist es, möglichst weit zu werfen. Dieses legt aus physikalischer Sicht einen jeweils ganz bestimmten Bewegungsablauf nahe, nämlich den biomechanisch günstigsten. Die im Wettbewerb erzielten Leistungen sollen darüber hinaus vergleichbar sein, auch dann, wenn zwei Sportler nicht unmittelbar aufeinandertreffen. Das Reglement zur Bewegungsausführung und biomechanische Überlegungen schränken also die Wurfmöglichkeiten, etwa den Speer zu schleudern, ein.

An diesen weitgehend festgelegten Bewegungsabläufen orientiert sich meist das Angebot von Lehrern und Übungsleitern in der Schule und im

Verein. In der Regel lassen sich im täglichen Sportbetrieb lediglich noch der Schlagball- und Schleuderballweitwurf beobachten.
Die Leichtathletik der Schüler muß aber nicht unbedingt ein Abbild der olympischen Leichtathletik sein. Aus schon genannten Gründen sollte hier eher die Vielseitigkeit im Vordergrund stehen. Nun gibt es innerhalb der ‹Leichtathletik im weiteren Sinn› unzählige Formen neben und vor der ‹richtigen› Leichtathletik, die nicht alle in direktem Zusammenhang mit den Bewegungsabläufen der klassischen Disziplinen zu sehen sind, deren Einführung aber auch nicht behindern. Wir greifen auf sie zurück, weil es wichtig ist, daß überhaupt, daß viel und daß möglichst vielseitig geworfen wird.
Gerade das variantenreiche Werfen, aus dem sich später die spezifischen Formen der Wettkampf-Leichtathletik entwickeln lassen, wird von Kindern als reizvoll empfunden. Da ihnen ihre Umwelt immer weniger Möglichkeiten zum Werfen bietet und damit ein wichtiges Feld der Bewegungserfahrung verloren zu gehen droht, scheint es angebracht zu sein, diesen Bereich besonders zu betonen.

Anlässe, Orte, Geräte

Wann, wo und womit man werfen kann

Das Werfen und Stoßen mit den verschiedensten *Geräten,* für die sich Schüler wahrscheinlich zunächst einmal interessieren werden, kann Anreiz und Ansporn sein. Auch der Wechsel des üblichen (normierten) *Wurfortes* dürfte dazu beitragen.
Man kann nicht nur mit Eisenkugeln im Freien aus dem Ring stoßen, man kann es auch in Gebäuden mit Hallenkugeln oder während des Geländelaufes mit Rundhölzern. Man kann nicht nur auf dem Sportplatz mit dem Speer oder dem Schlagball werfen, man kann es auch draußen mit abgebrochenen Ästen oder Steinen, im Wasser mit Gymnastikbällen oder in der Halle mit Gummiringen und -stäben.
Darüber hinaus gibt es viele *Anlässe* zu werfen, auch außerhalb des Sportunterrichts. Warum soll man nicht einmal während eines Wandertages oder Schullandheimaufenthaltes ein ‹Tannenzapfenwerfen› über eine Scheune oder ein ‹Schneeballzielwerfen› veranstalten, warum nicht während des Biologie-Lehrgangs Kiesel auf das Wasser oder über den Bach werfen?

Flugeigenschaften verschiedener Geräte

Im Vordergrund eines vielseitigen Wurf- und Stoß-ABC steht zunächst das Herausfinden spezifischer Flugeigenschaften recht unterschiedlicher Geräte. So gibt es z. B.

- schwere und leichte wie Diskus und Tannenzapfen,
- große und kleine wie Medizin- und Schlagball,
- lange und kurze wie Speer und Gummistab,
- runde und eckige wie Kugel und Quadereisen,
- feste und weniger kompakte wie Nocken- und Schneeball,
- langsam und schnell fliegende wie Reifen und Stein,
- segelnde wie Bambusstäbchen,
- flatternde wie Weidenruten,
- rotierende wie Gummiringe,
- nach dem Auftreffen deutlich reagierende wie Springbälle.

Auch erste gezielte *Bewegungsaufgaben* lassen sich bereits mit diesen Erkundungen verbinden:
- Der Gummistab oder Tannenzapfen soll sich ständig überschlagen,
- der Diskus oder Gummiring soll – bevor er auf einer Kurve rollt und umkippt – möglichst weit geradeaus rollen,
- Speer, Bambusstäbchen oder Weidenrute sollen im Abwurf ‹punktförmig› getroffen werden, sauber geradeaus fliegen,
- Schnee- oder Schlagbälle sollen einmal eine weniger gekrümmte, einmal eine stark gekrümmte Flugbahn beschreiben,
- Gymnastikreifen oder Gummischeibe sollen rotieren und flach (horizontal) auf dem Rasen oder Hallenboden aufsetzen.

Bewegungsziele

Man kann nicht nur mit verschiedenen Geräten an unterschiedlichen Orten und bei verschiedenen Anlässen werfen, man kann dabei auch unterschiedliche Zielsetzungen verfolgen. Nach dem «erkundenden» Werfen bieten sich vor der traditionellen Absicht, möglichst weit zu werfen, auch das Genau-, Kräftig-, Hoch- und Miteinander-Werfen an. (Formen, bei denen auch das Fangen eine wesentliche Rolle spielt, sind eher mit den Großen Sportspielen verwandt als mit der Leichtathletik. Sie werden daher hier nicht berücksichtigt.)

Zunächst sollte man Werfen so arrangieren, daß jeder Schüler möglichst *häufig* werfen kann. Effektiver als Formen, die ein ständiges Holen und Zurücktragen der Geräte erfordern, sind folgende:
- einander gegenüberstehen und sich mit ungefährlichen Geräten (Bälle, Ringe, Reifen) zuwerfen und -stoßen,
- auf ein in der Mitte liegendes gemeinsames Ziel, z. B. mit Schlagbällen auf einen offenen Kasten werfen,

- mit geeigneten Geräten gegen die Wand, einen Wall oder in die Erde werfen,
- einander gegenüberliegende Ziele (wie z. B. Handballtore oder Basketballkörbe), bei denen man sich nach dem Hinlaufen zum Ball nur umzudrehen braucht, um erneut werfen zu können, zu treffen versuchen.

Erfahrungsgemäß gehen Wurfgeräte leicht verloren. Meistens läßt sich das dadurch verhindern, daß man sie beim Ausgeben und Einsammeln zählt. Auf diese Weise weiß der Lehrer sofort, ob hinter Weichböden, Kästen, Ballwagen, Sporttaschen oder im Gras noch zu suchen ist.

Genau werfen und stoßen
Um die Stabilisierung von Fehlerbildern als Folge verfrühten Werfens auf Weite unter maximaler Impulsgebung zu vermeiden, ist es angebracht, zunächst ausgiebig das *Zielwerfen* zu pflegen. Dabei können wir die *Zielgröße* (Fußballtor oder Basketballbrett), die *Zielhöhe* (Kasten oder Gitterleiter), den Wurfabstand (10 oder 30 Meter) und das *Zielverhalten* (beweglich oder unbeweglich) variieren. Gefragt sind Wurfgefühl und Präzision, weniger die Kraft. Das Werfen auf Ziele liefert sofortige Rückmeldungen: «Habe ich getroffen oder nicht?» Messen, dessen Reiz ja fast nur im Vergleich mit anderen liegt, ist hier nicht erforderlich.

- Das Werfen, Schleudern und Stoßen auf *längs zur Wurfrichtung* festgelegte, größere Zielräume ist am einfachsten. So stehen sich z. B. Schüler in einem Abstand von etwa 30 Metern auf den Laufbahnen gegenüber und werfen einander Schlagbälle zu, zuerst die vorderen, dann die hinteren Reihen. Dabei soll der auf einer Bahn abgeworfene Ball auch auf dieser Bahn landen (Abb. unten). In der Halle wirft der Schüler durch die beiden Kletterstangen, vor denen er steht. In sehr großen Klassen, die das Arbeiten mit Markierungslinien nicht gestatten, reicht es, wenn der Ball ohne nennenswerte seitliche Abweichung in Richtung des gegenüberstehenden Partners zu Boden fällt.

Weitere Beispiele: die Wandfläche links neben der Tür treffen, zwischen den hängenden Tauen hindurchwerfen, zwischen die Basketball- und Volleyball-Seitenauslinie, die Barriere und Fußball-Auslinie treffen, den Rasen zwischen Weitsprunganlauf und Aschenbahn treffen, zwischen zwei Bäumen hindurchwerfen.

- Nun ist es an der Zeit, den Schwierigkeitsgrad zu steigern. Die Zielräume werden *quer zur Wurfrichtung* festgelegt oder enger begrenzt. Man kann von mehreren Seiten mit Bällen in offene Kästen, durch Korbballringe oder aufgestellte Kastenteile, auf einen im Rasen oder im (stabilisierenden) Tennisring liegenden Medizinball werfen. Gymnastikreifen lassen sich in Anspielkreise schleudern (Abb. rechts), Medizinbälle auf Matten stoßen (Abb. unten).

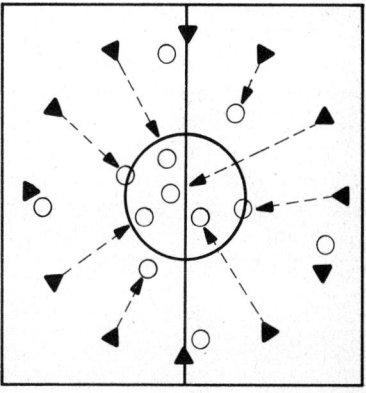

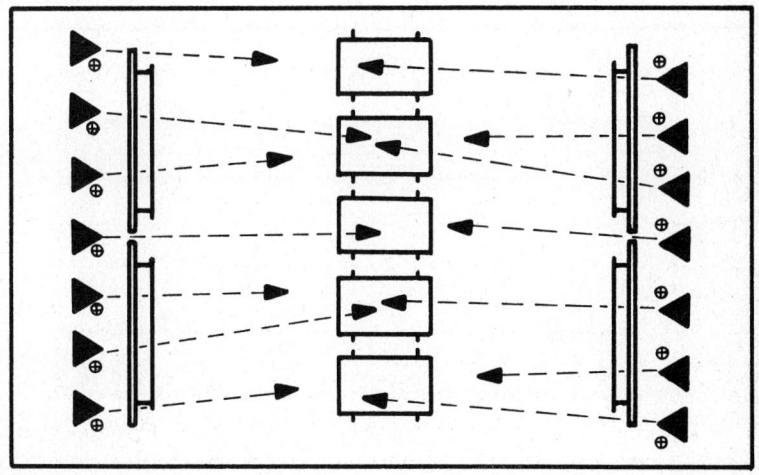

Zusätzliche Möglichkeiten: die Wandfläche zwischen Holzleiste und Decke, das Ballfangnetz oberhalb der Torlatte treffen, zwischen zwei Zauberschnüren oder Ästen hindurchzielen, in den Fünf- oder Siebenmeter-Raum, das Basketball-Trapez, die Sandgrube oder das Tor treffen, durch die hängenden Reifen oder ein bestimmtes Fach der Gitterleiter, auf Leitkegel oder Keulen, (Reifen) über die gesteckten Fähnchen oder Speere, über Hochsprung- oder Badminton-Ständer, an das Basketballbrett, den Holzstapel, den Hochsitz oder gegen das Scheunendach werfen. (Einige dieser Formen werden später in anderem Zusammenhang beschrieben.)

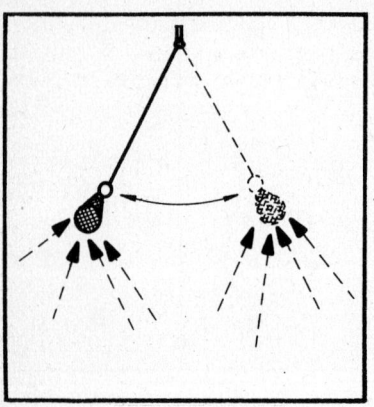

- Sehr beliebt ist auch das Werfen auf *bewegte Ziele,* den vorbeirollenden oder vom Partner hochgestoßenen Medizinball, die am Gymnastikseil schaukelnden Reifen, das mit den Schaukelringen schwingende Ballnetz (Abb. links) oder die von Schülern hinter einem Kasten gleichmäßig auf- und abbewegten Holzreifen (Abb. unten).

Weitere Beispiele finden sich unter den Wettkampfmöglichkeiten (vgl. Seite 127).

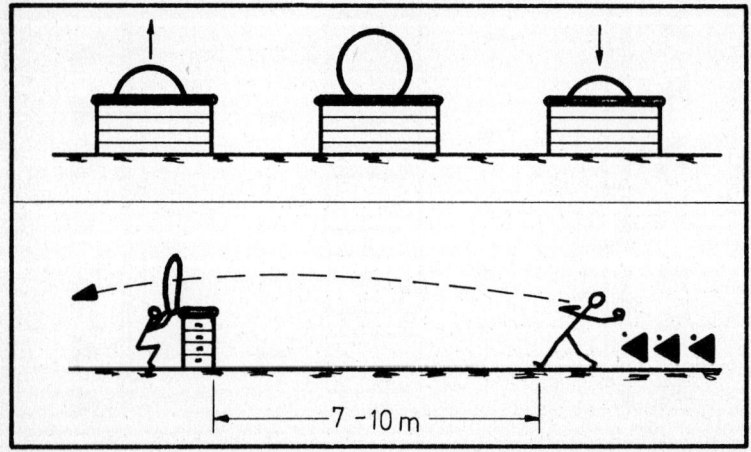

Kräftig werfen und stoßen

Mit dieser Bewegungsaufgabe wird allmählich der Übergang zum athletischeren Werfen vollzogen. Es kommt allerdings noch nicht darauf an, durch Kraft möglichst weit zu werfen, sondern darauf, eine optimale Reaktion des Geräts beim Aufprall zu erzielen:
- Wie weit springt der Hand- oder Konditionsball wieder hoch, wenn ich ihn mit beiden Armen kräftig auf den Boden werfe?
- Kann ich den an mir vorbeirollenden Ballwagen durch Werfen aus der Bahn bringen, den auf mich zufahrenden stoppen?
- Vor der Wand werden mit Hilfe von Klebestreifen, Matten oder Langbänken je nach Wurfgerät mehr oder weniger große Zonen gebildet (Abb. unten). Wie weit springt der Schlagball, Handball oder ‹Flummi› (Hohl- oder Medizinball) von der Wand zurück, wenn ich ihn mit voller Wucht dagegenwerfe (-stoße oder -schleudere)? Erreicht er Zone eins, zwei, drei oder gar vier?

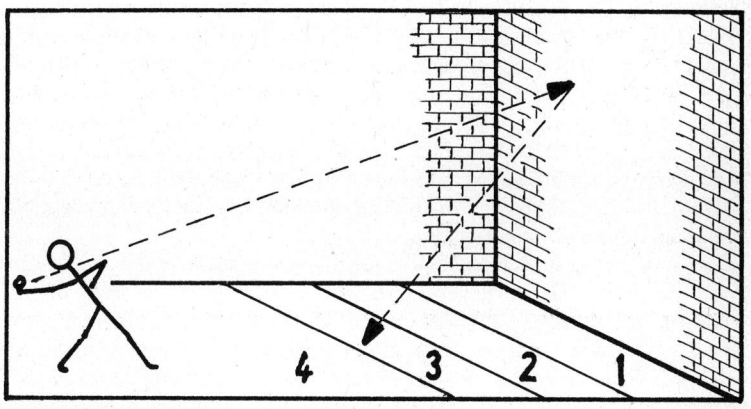

Hoch werfen und stoßen

In diesem Fall haben wir es erstmals mit dem sportlichen Ziel ‹möglichst weit› zu tun, jedoch noch in einer Form, die in der ‹richtigen› Leichtathletik nicht vorkommt:
- Schüler versuchen, an die Hallendecke und in die obere Hallenecke zu werfen oder aus der Hocke dorthin zu stoßen.
- Schüler werfen, schleudern oder stoßen (je nach Gerät) über das Tor, das Ballfangnetz, die Baumreihe, den Schuppen, die Zauberschnur, den Ast, zum oberen Hangende hinauf.
- Schüler werfen Bälle zum hochgezogenen Basketballkorb, gehen zu den Bällen, drehen sich um und werfen auf den anderen Korb.

Weit werfen und stoßen
Nehmen wir die Themen der Leichtathletik ernst (vgl. Einleitung Seite 12), so gehört zu einem variantenreichen ABC auch das ‹Möglichst-weit-Werfen›.
Ein solches Ziel wird aber hier noch nicht über einen zweckrational festgelegten Bewegungsablauf angesteuert. Dieses ist Aufgabe der «Grundschule». Zunächst genügen wenige Hinweise, z. B. «Arm lang» oder «Ellbogen hoch». Es sollte auch hier mit unterschiedlichen Geräten an verschiedenen Orten geworfen werden, z. B. während des Laufens im Gelände oder auf der Spielwiese im Freibad. Sportstunden müssen sich nicht immer ausschließlich auf einen einzigen Inhalt beziehen.

Spielerische Wettkämpfe

Wettkämpfe gehören zur Leichtathletik (vgl. Einleitung Seite 13f). Dabei sollte aber jeder Schüler eine Chance haben, und sie sollten spannend sein. Wenn der Schlagball und die Kugel immer nur auf Weite und unter den immer gleichen Regelbedingungen auf dieselbe Art und Weise geworfen bzw. gestoßen werden, dann ist das langweilig. Bereits in der zweiten Unterrichtsstunde wird ja offenkundig, wer weit und wer weniger weit werfen kann. Dieses (auch) festzustellen, liegt im Wesen der Leichtathletik und ist aus didaktischer Sicht durchaus legitim, jedoch stellt die ‹klassische Methode› des Messens einer Wurfleistung zumindest in der Schule nicht das einzige Wettkampfkriterium dar.
Die Chancen des einzelnen Schülers erhöhen sich, wenn eine *variantenreiche Wettkampfpalette* angeboten wird, ‹seine› Situation auch einmal kommt. Sie erhöhen sich, wenn gelegentlich das «Spiel mit dem Risiko» eine für den Handlungsausgang mitentscheidende Rolle spielt; insbesondere die Formen des Miteinander-Werfens können dazu beitragen. Selbst schlechtere Einzelwerfer gelangen in und mit der Mannschaft häufiger zu Erfolgserlebnissen, oder sie brauchen Mißerfolge nicht ausschließlich auf ihre Person zurückzuführen.
Risiko- und Mannschaftswerfen bieten wie diejenigen Wettbewerbsarten, die ohne die Notwendigkeit des Messens einen unmittelbaren und damit reizvollen Vergleich mit anderen Schülern gestatten, ein hohes Maß an erlebbarer Spannung, die vor allem ‹im Augenblick lebende› Kinder suchen.

Sich vielfältig vergleichen
Hier bieten sich in Verbindung mit der Frage «Wer kann dieses wie oft?» sämtliche im Rahmen des ABC genannten Wurfmöglichkeiten an.
Beispiele:
– Wie oft könnt ihr mit fünf Schneebällen über die Telefonleitung werfen?

Spielerische Wettkämpfe

- Wie oft könnt ihr bei zehn Würfen das zusammengeknotete Seil in die Sandgrube schleudern?
- Wie oft könnt ihr die Gummischeibe bei fünf Versuchen in das Tor rollen, den Medizinball über die Aschenbahn stoßen?

Ein Risiko eingehen
Bei diesen Formen entscheidet die Kraft nicht allein, der Handlungsausgang ist ungewisser und der Reiz kann recht groß sein, z. B. dann, wenn Schüler selbst im voraus ankündigen, durch welche beiden von der Decke hängenden Taue sie werfen wollen. Ein etwas ausführlicheres Beispiel ist das *Zonenstoßen auf Genauigkeit*, dessen Prinzip aber ohne weiteres auch auf den Wurf übertragbar ist. Turnmatten (Abb. rechts), Bahnmarkierungen (Abb. unten), Sektorlinien oder über Waldwege gelegte (bereits) abgebrochene Äste bilden Zonen:
- Jeder Schüler kündigt an, in welche Zone er mit der Kugel, dem Medizinball, dem Stein oder Rundholz stoßen möchte.
- Die Zonen sind in der Reihenfolge «1–2–3–4–5» zu treffen.
- Es ist in der Reihenfolge «5–2–4–1–3» oder in einer selbst vorhergesagten zu stoßen.

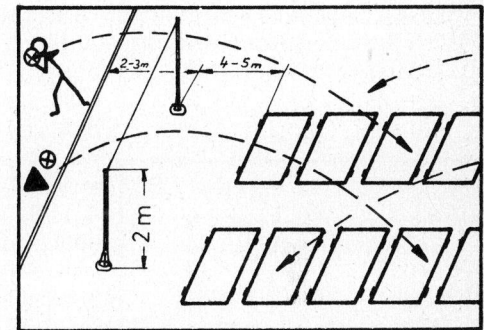

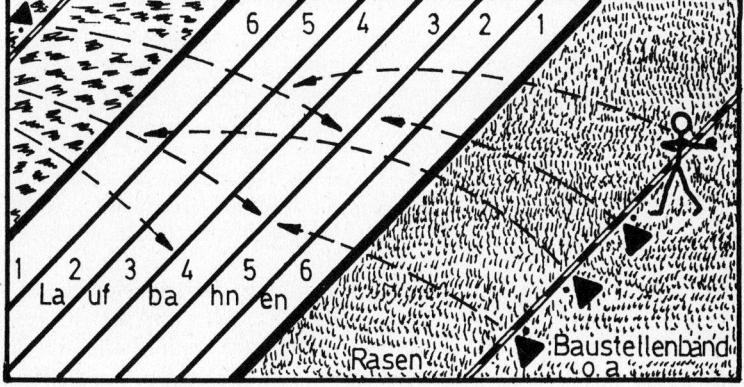

Sich unmittelbar vergleichen können

Messen ist oft langwierig und in gewisser Weise ein indirekter Vergleich, da die Schüler nacheinander werfen. Die folgenden Beispiele zeigen, daß es Möglichkeiten gibt, auch direkt gegeneinander anzutreten und sofort über den Ausgang Bescheid zu wissen.

- *Zonenstoß oder -wurf auf Weite:* Jeweils vier bis zehn Schüler vergleichen sich in einem Durchgang. Die bessere Hälfte kommt eine Runde weiter, trifft auf andere Sieger. Die andere Hälfte kämpft gegen die Verlierer eines anderen Durchgangs um den Einzug in die ‹Trostrunde› und kann die Geschlagenen aus der Paarung ‹Sieger gegen Sieger› fordern.
- *Diskusrollen:* Mehrere Schüler bringen ihr Gerät an der Startlinie auf ihrer Bahn ungefähr zur selben Zeit zum Rollen (Bewegungsausführung vgl. Seite 172). Welche Scheibe bewegt sich am längsten zwischen den ihren Laufweg begrenzenden Bahnmarkierungen? Dieses stellen Beobachter am Rande der Bahn fest. Auch hier läßt sich das Wertungssystem mit Viertel- und Halbfinale sowie mit der Trostrunde anwenden.
- *Abstandsmaximierung:* Die Schüler stehen vier bis fünf (10 bis 20) Meter vor einer Wand und stoßen mit dem kleinen Medizinball oder werfen mit dem Schlagball oder Gummiring (zur Bewegungsausführung vgl. Seite 146f) dagegen. Jeder wird das Ziel erreichen. Nun gehen alle einen (drei) Meter bzw. auf irgendeine Linie zurück und stoßen (werfen) erneut. Wer an das Ziel kommt, legt den Abwurfpunkt wiederum zurück und versucht sich zum drittenmal, wer nicht, stößt (wirft) nochmals von derselben Stelle oder – wenn er sich nicht mehr zu steigern vermag – immer wieder von dort. Wem gelingt es, sich am weitesten vom Ziel zu entfernen?

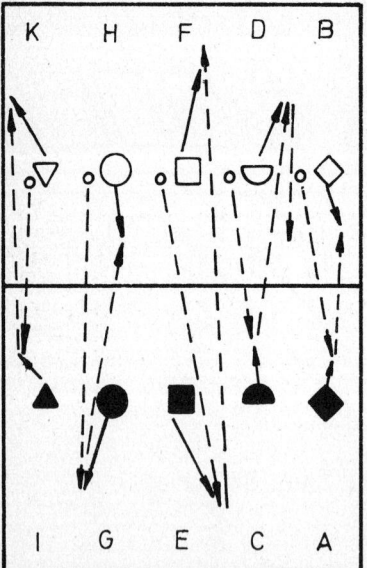

- *Schleuderballtreiben* (siehe Abb. links)*:* Zwei etwa gleich starke (!) Schüler bilden jeweils ein Paar, haben einen Schleuderball. Sie stehen sich ungefähr in gleich großem Abstand zur Mittellinie des Sportplatzes gegenüber. Z. B. Schüler D wirft, C schleudert den Ball von der Landestelle möglichst weit zurück. Nun kommt wieder D, versucht C zurückzutreiben usw. Wer überschreitet als erster die Mittellinie?

Wird quer über den Sportplatz gespielt, was keine Trennungslinie in der Mitte erfordert und das Werfen von noch mehr Paaren gestattet: Wer drängt den anderen auf die Aschenbahn ab? Revanche, da der erste Werfer einen kleinen Vor- oder Nachteil haben kann.

Miteinander werfen
Neben den «Kleinen Spielen» Burgball, Parteiball, Jägerball, Völkerball oder Ring über die Schnur und den vielen Möglichkeiten des ABC oder der genannten Einzelwettkämpfe, die ohne weiteres in Mannschaftswettbewerbe abgewandelt werden können, haben sich die folgenden Formen als spannungsreich und emotional anregend bewährt:
- *Medizinball abwerfen:* Zwischen zwei Mannschaften befindet sich eine Langbank mit mehreren Medizinbällen oder Leitkegeln. Beide Teams werfen von einer Markierung aus auf ein Zeichen des Lehrers hin gleichzeitig auf die Ziele. Die vom Gegner auf die eigene Spielseite fliegenden Schlag-, besser Handbälle, dürfen geholt und von der Linie aus erneut geworfen werden. Es wird so lange geworfen, bis alle Medizinbälle (Leitkegel) am Boden liegen. Gewonnen hat die Mannschaft, in deren Feld sich weniger Bälle befinden. Zu empfehlen sind mehrere Durchgänge, damit die zunächst unterlegene Gruppe die Chance zur Revanche hat.
Variante (Abb. unten): Drei Mannschaften werfen auf ihre eigenen Leitkegel. Gegebenenfalls können die Bälle wiedergeholt werden. Welche Gruppe hat ihren vor der Wand stehenden Kasten zuerst ‹leergefegt›? Der Sieger erhält drei, der Zweite zwei Punkte und der Dritte einen Punkt. Fünf Durchgänge. Addition der Punkte.

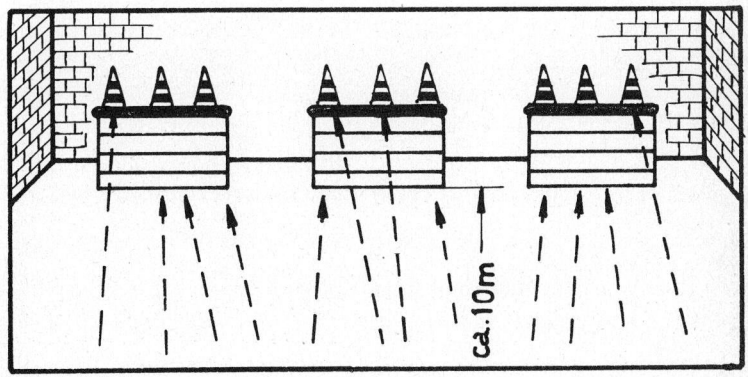

Das «ABC» des Werfens und Stoßens

- *Jahrmarktsbude:*

In der Halle befinden sich verschiedene Stationen:

Das Treffen des Brettes zählt einen, das Treffen in den Korb drei Punkte.

An einer Zauberschnur hängen alte Zeitungsblätter. Einen Punkt erhält, wer die Zeitung trifft, drei Punkte, wer eine herunterwirft.

Das Treffen durch die Gitterleiter zählt einen Punkt, das durch das linke obere ‹Fenster› drei Punkte.

Das Treffen in den umgekippten Kleinkasten zählt einen Punkt, das der Dose zwei Punkte.

Das Treffen durch den hängenden Reifen zählt einen Punkt. Fällt der Ball danach noch in den offenen Kasten, gibt es drei Punkte.

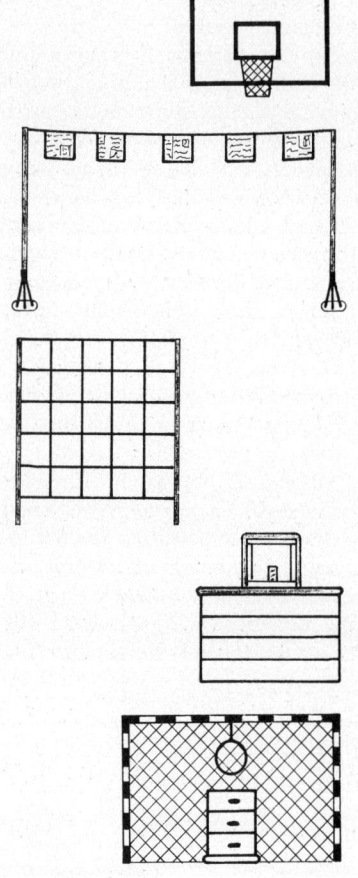

Als Kampfrichter fungieren der Lehrer und Schüler oder die gerade nicht werfende Mannschaft.

Wertungsmöglichkeiten: a) Jeder Werfer jeder Mannschaft hat an jeder Station einen oder drei Versuche.

b) Eine aus fünf Mitgliedern bestehende Gruppe bestimmt an jeder Station den aus ihrer Sicht hierfür geeignetsten Mannschaftsvertreter, wobei jedes Mitglied einmal an die Reihe kommen muß.

Miteinander auf bewegliche Ziele werfen
- *Balltreiben:* Zwei Mannschaften versuchen, durch Werfen von Handbällen (Schlagbällen) einen Medizinball (Basketball) an die gegnerische Wand oder Auslinie zu treiben bzw. durch abblockende Würfe zu verhindern, daß der Ball die eigene Linie überschreitet. Eine begrenzende Wurflinie gibt es nicht. Lediglich bei Anpfiff ist ein Abstand von ca. 5 Metern einzuhalten. Der Ball darf nicht mit dem Fuß gestoppt oder bewegt werden. Ist dieses doch der Fall, so darf ein Mannschaftsmitglied der dadurch benachteiligten Gruppe am ‹Tatort› allein und unbehindert gegen den Ball werfen. Erst wenn dieser – sollte er die gegnerische Wand nicht erreichen – zum Ruhen kommt, gibt der Lehrer ein Zeichen und alle dürfen wieder eingreifen. Notwendig: ‹glatte› Spielfeldränder wie Wände oder umgekippte Langbänke.
- *Bewegter Reifen:* Der Aufbau wurde bereits beschrieben (vgl. Seite 120). Will man diese Form als Mannschaftswettbewerb durchführen, so steht Gruppe A in Reihe vor dem Kasten. Jedesmal wenn der Reifen auftaucht, wirft ein anderer Schüler. Nun kommt Mannschaft B; Addition der Treffer; insgesamt zwei bis drei Durchgänge.
- *Zielwurf auf den Ballwagen* (Abb. unten): Der Lehrer schiebt einen Ballwagen mit geöffnetem Deckel an. Nachdem dieser die den Anschieber schützende (Seitenaus-)Linie überschritten hat, werfen während seiner Fahrt die Mitglieder der ersten Mannschaft, von denen jeder nur einen Ball hat, auf ihn. Der letzte Wurf muß erfolgt sein, bevor der Wagen zum Halten kommt. Wird er getroffen, zählt dieses einen Punkt; fliegt der Ball gar hinein, bringt es drei Punkte. Jetzt sind die anderen Mannschaften an der Reihe. Das Addieren mehrerer Durchgänge bietet Kompensationsmöglichkeiten und erhöht die Spannung. Steht kein Ballwagen zur Verfügung, so wird auf den rollenden Konditionsball geworfen.

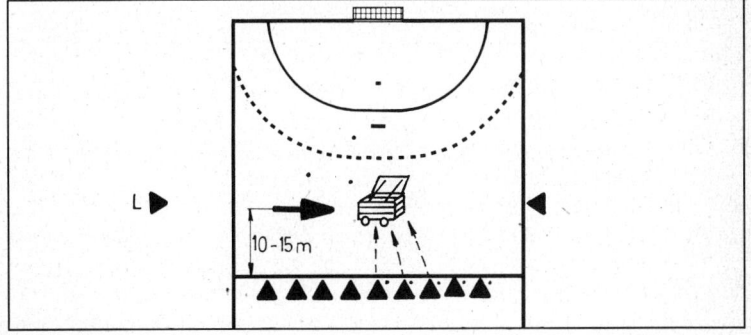

Das «ABC» des Werfens und Stoßens

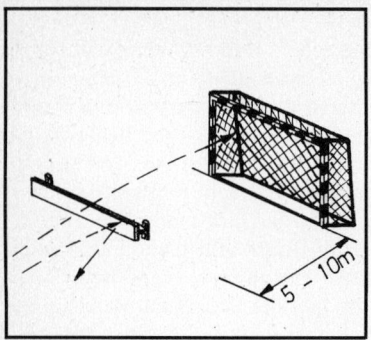

Miteinander auf entfernte Ziele werfen

- *Mannschafts-Torwurf* (Abb. links): Die Mitglieder der Gruppe A werfen nacheinander mit dem Hand- oder Schlagball von der einen Hallenseite aus über ein Hindernis möglichst in das gegenüberstehende Tor. Die Treffer werden addiert. Nun folgt Mannschaft B, gegebenenfalls noch C, dann wieder A usw.

- *Brett-Staffel* (Abb. unten): Pro Mannschaft wird ein Gummischlagball oder Handball benötigt, der Korb hat keine Funktion, nur das Brett. Auf dieses werfen die ersten Schüler jeder Gruppe nach dem Startsignal.

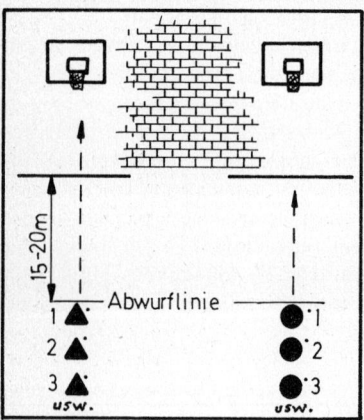

Treffen sie es, dürfen sie die Wurflinie überschreiten und ihren Ball aufnehmen, sofort dem zweiten Schüler zuwerfen, der dann in Aktion tritt. Treffen sie das Brett nicht, holen sie ebenfalls den Ball, laufen zur Wurflinie zurück und werfen von dort aus selbst noch einmal. Findet der Ball auch beim zweitenmal sein Ziel nicht, wird er (auch ohne Treffer) geholt und an den nächsten Werfer weitergegeben. Welche Mannschaft ist zuerst durch? Proberunde, Wettkampf, Revanche, gegebenenfalls ‹Stechen›.

- *Ball-Stafette* (Abb. Seite 129 oben): Alle Schüler einer Mannschaft stehen an markanten Punkten, der Eckfahne, dem Torpfosten oder Strafraumeck, im Anspielkreis, an Hütchen usw. Die Entfernungen sollen dem Leistungsvermögen der Schüler entsprechen und – im Sinne der Differenzierung – unterschiedlich groß sein. Wer wo steht, macht die Mannschaft unter sich aus. Durch einen Zielweitwurf fliegt der Ball, der nicht gefangen werden soll, in die Nähe des nächsten Schülers. Dieser holt ihn, nachdem er einmal im Gras aufgeprellt ist, und wirft ihn von seinem Punkt (nicht von der Landestelle) aus zu dem in der Staffel fol-

Spielerische Wettkämpfe

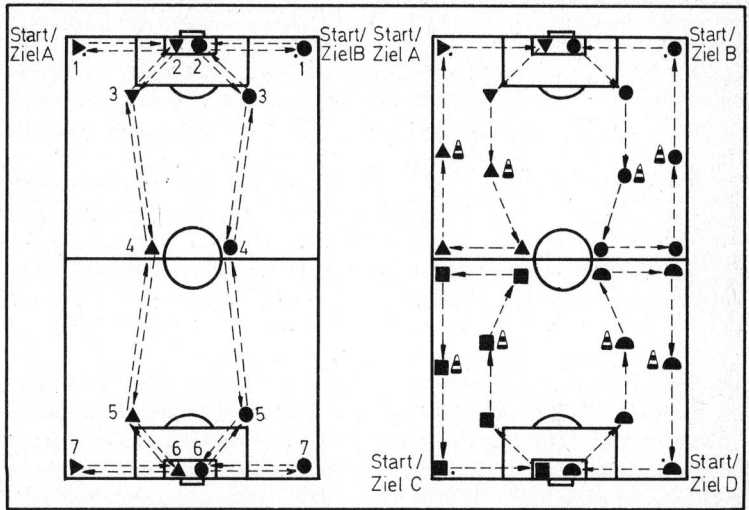

genden Schüler. Dabei kann der Ball vorwärts- und wieder zurückwandern (Beispiel 1: zwei Mannschaften, 14 Schüler) oder einen Näherungskreis beschreiben (Beispiel 2: vier Mannschaften, 28 Schüler). Immer ist ein unmittelbarer Vergleich möglich.
- *Golfpartie:* Zwei bis drei Schüler, die abwechselnd auf dem Sportplatz oder im Gelände werfen, bilden ein Team. Entscheidend ist die Anzahl der gemeinsamen Würfe bis zum ‹Einlochen› in die Weitsprunggrube oder Bodenvertiefung, den Kasten oder Graben. Während eines Schullandheimaufenthaltes läßt sich ein ganzer Parcours abstecken. Diese Spielform ist natürlich auch mit Stoßen und Schleudern möglich.

Miteinander schleudern
- *Anspielkreis treffen:* Die Organisationsform in der Halle wurde bereits beschrieben (vgl. Abb. Seite 119 Mitte). Mannschaftswertung: Die Gruppen schleudern ihre Reifen nacheinander. Bleibt der Reifen liegen und berührt den Kreis, zählt dieser einen Punkt; liegt er vollständig im Kreis, erhält man drei Punkte.
- *Einfädeln:* In der Halle nehmen wir Badminton- oder Hochsprungständer, im Freien werden Eckfahnen oder Speere verwendet. Die Gruppen werfen nacheinander mit Reifen, die über die Ziele fallen und daran hängenbleiben sollen. Trefferanzahl? Addition mehrerer Durchgänge.

Miteinander stoßen
- *Gemeinsames Zonenstoßen nach besonderer Wertung:* Auch hier ist die Organisation bekannt (vgl. Abb. Seite 123). Geht es um die Weite, werden die erreichten Zonen einfach zusammengezählt. Geht es um Genauigkeit, sollte die Anzahl der Gruppenmitglieder der Zonenanzahl entsprechen.
Jeder stößt mit dem Medizinball, der Kugel, dem Stein oder Rundholz pro Durchgang einmal. Wenn die gesamte Mannschaft gestoßen hat, muß jede Zone einmal getroffen worden sein. Der körperlich schwächere ist hier genauso wichtig wie der stärkere. Wer in welche Zone stößt, macht die Mannschaft unter sich aus.
- *Gegner von der Langbank stoßen:* Zwei Langbänke werden im Abstand von fünf bis sechs Metern gegenübergestellt. Auf jede steigen vier bis sechs Schüler. Im Spiel ist ein Medizinball, der hin- und hergestoßen wird. Ziel ist es, durch die Wucht des Stoßes einen Spieler auf der anderen Langbank zum Absteigen zu zwingen, der dann ausscheidet. Gegenseitiges Halten im Falle des Strauchelns ist nicht erlaubt, und der Ball ist auf Brusthöhe zuzustoßen. Welche Mannschaft hat die andere zuerst ‹abgestoßen›? Gegebenenfalls sind die Bänke allmählich enger zu stellen.

Was jeder Lehrer vom Werfen und Stoßen wissen sollte

Bewußte Bewegungsausführung

In diesem Kapitel soll sich das Augenmerk allmählich auf die bewußte und kontrollierte Bewegungsausführung und bewegungstechnische Gesichtspunkte richten. Die Körperaktion ist im Zusammenhang mit der Reaktion des Gerätes zu beobachten. Verschiedene Möglichkeiten sind zu erproben, zu erfühlen, Lösungen zu finden. Das *Experiment* wird wichtig, auch im Zusammenhang mit dem Erkennen von Fehlern. Das Ausprobieren bzw. Herausfinden des Falschen oder die Anleitung zu (kurzfristig) bewußtem Fehlverhalten kann dazu beitragen, das Richtige einprägsam zu verdeutlichen.
Einige Beispiele:
- Die Kugel einmal bewußt vom Hals nehmen oder den Ellbogen bewußt hängen lassen und dies danach nicht tun,
- den Medizinball einmal im Sitzen ohne Beteiligung der Beinmuskulatur und zum Vergleich im Stehen mit aktiver Beinarbeit stoßen,

- beim Schleuderball- oder Diskuswurf die Drehung mit dem Oberkörper einleiten oder die Ringachse verlassen und dies danach nicht tun,
- den Speer (Ball) einmal aus stark gebeugtem Arm heraus in die Erde (gegen die Wand) werfen und dann aus dem gestreckten Arm.

Durch diese Versuche kann der richtige Ablauf hinterher wohl besser verstanden werden, als wenn der Lehrer nur eine Beschreibung gibt. Der Schüler hat den Unterschied ‹erfahren und erfühlt›.

In diesem Sinn sind die folgenden *Körperexperimente* zu verstehen:
Richtungs-, Tempo-, Rumpfexperimente
Werfen/Stoßen aus dem Stand
- frontal oder seitlich zur Aktionsrichtung,
- mit dem Rücken zur Aktionsrichtung,
- mit und ohne Hüfteinsatz,
- mit und ohne ‹Schulterblock›.

Werfen/Stoßen aus der Bewegung
- vorwärts- oder seitlich-geradlinig,
- rückwärts-geradlinig,
- mit Drehung(en),
- langsam oder schnell.

Beinexperimente
Angehen oder anlaufen
- mit (eine Rückenlage auslösendes) Überholen der Beine (Impulsgebung, Vergrößerung der Wurfauslage) oder nicht,
- mit langem oder kurzem Stemmschritt,
- mit gestrecktem oder gebeugtem Stemmbein.

Anhüpfen, anrutschen, angleiten
- mit eingedrehtem oder nicht eingedrehtem Fuß,
- mit großem oder kleinem «Ausfallschritt» in der Stoßauslage (Kniewinkel des Stoßbeines),
- mit fixiertem oder ‹weichem› Stemmbeinknie.

Andrehen
- unten über das Bein oder oben über die Schulter einleitend,
- vorwärts-umspringend oder auf der Stelle,
- flach oder hoch, schnell oder langsam,
- ohne und mit Verlassen der Ringachse.

Armexperimente
- ein- oder beidarmig werfen,
- geradlinig werfen oder schleudern (‹schocken›),
- mit gestrecktem oder gebeugtem Arm werfen,
- mit hohem oder tiefem Arm (Ellbogen) werfen (stoßen),
- mit seitlich abgespreiztem Arm werfen oder nicht.

Mit diesen Experimenten der bewußten Bewegungsausführung wird der

Übergang vom einführenden «ABC» zu den im folgenden beschriebenen «Grundschulen» des leichtathletiknahen Werfens und Stoßens vollzogen. Die Übungen können jedoch auch gleich dort eingebaut werden, z. B. als wertvolle Korrekturhilfe.

Biomechanische Gesichtspunkte

Kraft und Koordination

Weil ein Gerät mit seinem Gewicht, seiner Form und seinen spezifischen Flugeigenschaften in den Bewegungsablauf mit einzubeziehen ist, haben Schüler mit dem Werfen und Stoßen meist größere Schwierigkeiten als beim Laufen und Springen. Jeder Lehrer sollte demzufolge etwas über diese Schwierigkeiten wissen und die richtigen methodischen Konsequenzen daraus ziehen.

Bei allen Bewegungsabläufen des Werfens und Stoßens kommt es darauf an, daß das Gerät die Hand mit einer möglichst hohen *Abfluggeschwindigkeit* verläßt.

Diese wird von drei ausschlaggebenden Faktoren beeinflußt:

- *Muskelkraft:* Mit ihrer Hilfe wird das Wurfgerät beschleunigt, und sie ist um so wichtiger, je schwerer dieses ist. Beim Kugelstoßen kommt ihr also eine größere Bedeutung zu als beim Schlagballwerfen. Ihr Stellenwert läßt sich unschwer daran erkennen, daß die Verbesserung der Wurf- und Stoßleistungen seit den 60er Jahren mit deutlich erhöhten Werten der Athleten bei Maximalkrafttests und der entsprechenden Zunahme der Körpermasse verbunden ist. Es liegt auf der Hand, daß für den Schulsport hier ein Problem steckt – um so mehr, als Schüler aufgrund ihrer anfängerhaften Technik die großen Muskelquerschnitte der Bein- und Rumpfmuskulatur selten richtig nutzen können und vielfach nur aus dem Arm stoßen oder werfen.

- *Beschleunigungsweg:* Je größer die Kraft ist und je länger sie auf das Gerät einwirkt, desto besser. Daher ist ein möglichst langer Beschleunigungsweg (Krafteinwirkungszeit) anzustreben. Dieses Prinzip hatte selbstverständlich großen Einfluß auf die Entwicklung der speziellen Bewegungstechniken, die sich im Laufe der Jahrzehnte herausgebildet haben: Wenn man beim Stoß rückwärts und tief anleitet, beim geradlinigen Wurf durch eine ganz bestimmte Schrittgestaltung die Wurfauslage vergrößert oder beim Drehwurf das Gerät weit von der Drehachse ablagert und lange hinten behält, quasi ‹schleppt›, ist die Krafteinwirkungszeit optimal lang.

Für die meisten Schüler ist das z. B. beim Kugelstoßen jedoch nicht zu erreichen. Sie haben nicht die Kraft, um den langen Beschleunigungsweg auch zu nutzen. Außerdem stellen die Techniken mit langem Beschleunigungsweg zum Teil erhebliche Anforderungen an die Koordination.

- *Impulsübertragung:* Aus biomechanischer Sicht ist es wenig vorteilhaft, aus dem Stand zu werfen oder zu stoßen. Man versucht daher während einer Phase, in der sich der Werfer mit dem Gerät zusammen als ein ‹geschlossenes Gesamtsystem› bewegt und die man als ‹Vorbeschleunigung› bezeichnen könnte, durch Anlaufen, Angleiten oder Andrehen Energie für die Abfluggeschwindigkeit des Gerätes zu schaffen. Diese addiert sich dann im Abwurf zu den vom Körper entwickelten Kräften. Sie muß aber auf das Gerät, wenn dieses ‹das Gesamtsystem› verläßt, übertragen werden – ein Vorgang, der sich mit dem «Übersetzen» beim Sprung vergleichen läßt. Dort soll Anlaufenergie in Weite oder Höhe umgesetzt, hier ganz ähnlich eine hohe Abfluggeschwindigkeit des Wurfgegenstandes erzielt werden.

Dieses geschieht durch das ‹Stemmen› zu Beginn der Abwurfbewegung. Der Schüler läuft, dreht oder gleitet an und blockiert das System mit dem linken Bein, wenn sich das Gerät in der rechten Hand befindet. Dadurch wird die Anlaufenergie auf kleinere Körperteile und das Gerät übertragen, wobei die Wurfhandseite durch den exzentrischen Stoß (das System wird ja nicht im Schwerpunkt abgebremst) eine Beschleunigung aufgrund des Trägheitsgesetzes erfährt (Abb. unten).

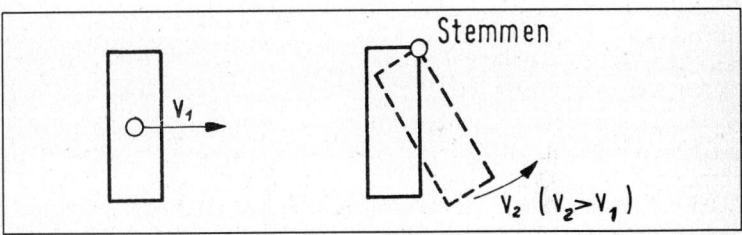

Der Hauptimpuls auf das Gerät erfolgt jedoch bei allen Disziplinen durch schnellkräftige Ganzkörperbewegungen. Der sich in einer weiten Ausholbewegung befindende Werfer gelangt durch das Abstemmen in eine – je nach Disziplin und Leistungsniveau – mehr oder weniger ausgeprägte Phase der *Muskelvorspannung*. Beim Speerwerfen läßt sich dies recht anschaulich (nach LINDNER) mit einer zurückgebogenen und seitlich verwundenen Blattfeder vergleichen (Abb. rechts). Die Muskelanspannung löst sich dann ‹von unten her› auf und überträgt sich auf das

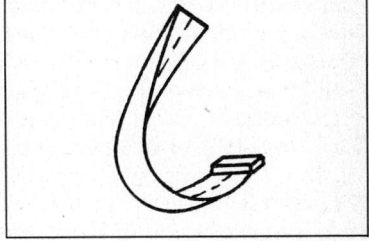

Gerät. Die Beine strecken sich, der Rumpf ‹zieht› nach vorne oben, geführt von der Hüfte. (Das Vorbringen der Hüfte ermöglicht erst die Übertragung des Kraftstoßes von den Beinen auf Oberkörper und Arm.) Insofern sind Wurf und Stoß immer ‹Dreh-Streck-Hebe-Bewegungen›, keineswegs eine reine Angelegenheit des Armes. Erst zum Schluß folgen Arm- und Handimpuls; denn die so entscheidenden großen, aber langsam kontrahierenden Muskelgruppen müssen vor den schneller arbeitenden kleinen Muskeln aktiviert werden (Abb. unten).

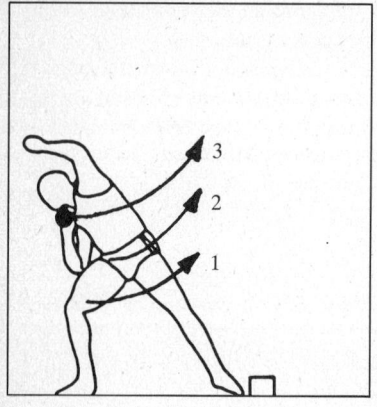

Modifiziert nach:
JONATH, U. / HAAG, E. / KREMPEL, R.:
Leichtathletik 2. Werfen und Mehrkampf.
Reinbek 1977, 47.

Im Zusammenhang mit der Impulsübertragung ist auch das sogenannte ‹Treffen des Gerätes› wichtig, d. h. die Übereinstimmung der Krafteinwirkung mit der Abflugrichtung. Wer den Ellbogen nicht hinter, sondern weit neben der Kugel hat oder den Speer bei der Ausholbewegung verdreht bzw. sein Ende stark hängen läßt, der ‹trifft› das Gerät nicht genau, kann nicht alle Kraft übertragen. Ein solcher Fehler ist in der Regel am Flugverhalten erkennbar. Er mindert die Abfluggeschwindigkeit und damit die Flugweite. Je mehr nun die Form des Wurfgeräts von der einer Kugel abweicht, wie z. B. der Speer oder die Diskusscheibe, desto schwieriger ist es, dieses zu ‹treffen›.
Auch bei der Impulsübertragung sind die Schwierigkeiten für den Schüler offenkundig: Er braucht nicht nur das technische Vermögen, den Beschleunigungsweg lang zu gestalten und die für die Nutzung der zur Verfügung stehenden Einwirkungszeit notwendige Kraft. Er muß ferner in der Lage sein, die während der Vorbeschleunigung geschaffene Energie zu übertragen, wobei die Geschwindigkeit z. B. beim Anlauf den Einsatz der Haupt-

muskelkräfte im Abwurf aber nicht beeinträchtigen darf. Er hat die Impulsgebung durch die einzelnen Teilkräfte in ihrer Reihenfolge richtig zu koordinieren und die Kraft in eine zweckmäßige Richtung in Übereinstimmung mit dem Gerät zu lenken.

Werfen und Stoßen sind also nicht so einfach, wie es auf den ersten Blick scheint. Welche Konsequenzen ziehen wir daraus?

Schülergemäße Bewegungsabläufe
Nicht in jedem Fall ist die Technik der Weltbesten auch für den Schüler ideal, insbesondere dann nicht, wenn es ein schweres Gerät wie z. B. die Kugel zu beschleunigen gilt.

Was sich für den erwachsenen athletischen Wettkämpfer empfiehlt, nämlich im Sinne des optimal langen Beschleunigungsweges rückwärts und tief anzugleiten, das muß nicht unbedingt für den schlaksigen, langbeinigen Schüler gelten.

Ein Schüler, der 50 Kilogramm wiegt, ist gar nicht in der Lage, den langen Beschleunigungsweg so zu nutzen wie der muskulöse und 120 Kilogramm schwere Athlet; er kommt mit der Kugel nicht explosiv genug durch den Ring und schon gar nicht dynamisch aus der tiefen Stoßauslage heraus. Mit ziemlicher Sicherheit stößt er weiter, wenn er zunächst frontal oder seitwärts und aufrechter angeht bzw. anhüpft. Bewegungsabläufe, die hohe Anforderungen an die Kraft stellen, sind also möglichst schülergemäß zu modifizieren, d. h., Technikausführung (Beschleunigungsweg/Krafteinwirkungszeit) und jeweiliges Kraftvermögen sind aufeinander sinnvoll abzustimmen. Unsere «Grundschule» wird sich nach diesen Erkenntnissen richten (vgl. Abb. S. 159 Mitte).

Bewegungsabläufe ‹großer› Leichtathleten zu kopieren, ist auch dann nicht angebracht, wenn sie koordinativ sehr komplex sind (ohnehin meist nur aus Gründen eines langen Beschleunigungswegs) und von dem kindgemäßen Bewegungsgrundmuster des geradlinigen Wurfes abweichen. Welcher Schüler käme von sich aus auf die Idee, mit einer Kugel rückwärts anzugleiten? Er würde in jedem Fall vorwärts anlaufen. Von diesem Grundmuster weichen neben der Rückstoßtechnik insbesondere der Drehstoß und die Drehwürfe ab. Beim Schüler muß z. B. der Schleuderball und vor allem der Diskus aus der ¾-Drehung heraus aber nicht weiter fliegen als der aus dem Stand abgeworfene.

Aus dieser Sicht ist klar, daß der *geradlinige Wurf* die leichteste von den Wurf- und Stoßdisziplinen ist: Er stellt die geringsten Anforderungen an die Kraft, weicht am wenigsten von einem kindgemäßen Bewegungsmuster des Werfens ab und erfolgt aus einem relativ harmonischen, noch am ehesten ‹natürlichen› Anlauf heraus. Mit ihm sollte daher die «Grundschule des Werfens» beginnen; hier können wir uns auch im Schulsport am wei-

testen dem olympischen Bewegungsablauf nähern. Danach kommen die schülergemäß zu modifizierenden Techniken des Stoßens, z. B. aus einem einfachen frontalen Drei-Schritt-Rhythmus ‹links–rechts–links› heraus. Im Rahmen der «Grundschule» vernachlässigen wir den Drehstoß ebenso wie die Rückenstoßtechnik.
Am schwierigsten ist erfahrungsgemäß der Drehwurf. Er bildet den Abschluß unserer «Grundschule». Bestimmte Arten der Drehung lassen sich dabei mit dem Schleuderball durchführen, während wir beim Diskus nicht über den Standwurf hinausgehen.

Die Wahl der richtigen Geräte
Geräte sind unterschiedlich schwer und zeichnen sich durch unterschiedliche Flugeigenschaften aus. Mit dem langen Speer zu werfen, der im Abwurf – soll er richtig fliegen – «punktförmig» zu treffen ist, bereitet größere Mühe als mit dem Schlag-, Hand- oder leichten Nockenball; denn diese verzeihen einen etwas unsauberen Abwurf eher. (Ein ‹Zwischengerät› verkörpern Gummiring und -stab.) Mit dem kleinen Medizinball zu stoßen, ist leichter als mit der Kugel, und mit Ringen, Reifen oder dem kurzgefaßten Schleuderball zu werfen ist leichter als mit der Diskusscheibe, die nur unter Eigenrotation stabil fliegt.
Solange sich Schüler während des Lernen, also z. B. im Rahmen einer so ausgesprochenen Mehrfachaufgabe, wie sie das Werfen darstellt, z. B. auf die Beinarbeit konzentrieren, den nicht automatisierten Bewegungsablauf bewußt durchführen müssen, können sie ihre Aufmerksamkeit nicht gleichzeitig den ‹Widrigkeiten› des Originalgeräts schenken. Dieses kommt später, wobei die Erleichterung dann in der Wahl nicht zu schwerer Geräte besteht. Selbst der kräftigere Schüler lernt die Technik mit dem Frauen-Speer und -Diskus oder der Vier-kg-Kugel leichter als mit normgerechten Geräten, kann sich bei gutem Erfolg sogar allmählich an den ‹richtigen› Techniken orientieren.
Aber nicht nur die Reduzierung des Gerätegewichtes muß dem Schüler entgegenkommen, gegebenenfalls ist auch einmal eine Erhöhung sinnvoll. Jeder Lehrer kennt im Zusammenhang mit dem Ballwurf den sogenannten ‹Schlag ins Leere›, der auch recht schmerzhaft sein kann. Gerade für viele Schüler der Sekundarstufe I ist der 80-g-Ball zu leicht. Mit dem 200-g-Ball, der genauso handlich ist, werfen sie mindestens genauso weit.
Trotz aller unmittelbaren Bemühungen, den Bewegungsablauf und das Gerätegewicht der individuellen Kraft des Schülers anzupassen, sollte längerfristig und unter Berücksichtigung der besonderen Bedingungen des Schulsports, die bei HILDENBRANDT (1980) und FREY (1981a) ausführlich beschrieben sind, natürlich auch eine gewisse Verbesserung der Kraft angestrebt werden.

Funktional bedeutsame Phasen

Abwurf, Abstoß und zum Teil auch die *Abwurfvorbereitung* sind für das Wurfergebnis ausschlaggebend. Daran hat sich das methodische Vorgehen zunächst zu orientieren. Mit dieser entscheidenden Phase, die eine zentrale Stellung im Ausbildungsprozeß einnimmt, ist auch zu beginnen – nicht aber in der Reihenfolge der Gesamtbewegung mit Anlaufen, Angleiten oder Andrehen. Neben dieser biomechanischen Sichtweise, die von der unterschiedlichen Bedeutung der Bewegungsphasen für die Leistung ausgeht, spricht dafür auch noch ein methodisch begründbares Argument: Selbst schülergemäß vereinfachte Wurf- und Stoßtechniken sind nicht selten noch zu schwer, als daß sie ganzheitlich eingeführt werden können.

Es empfiehlt sich, grundsätzlich mit dem Standstoß bzw. -wurf (beim Speerwurf mit kurzem Drei-Schritt-Anlauf) zu beginnen. Erfahrungsgemäß werden sie viel zu wenig gepflegt. In der Regel überfordert eine zu schnelle Integration der Vorbeschleunigung in den Lernprozeß den Schüler, so daß er mit dieser keine größeren Weiten erzielt als aus dem Stand. Er lernt auch nicht, den Einsatz der Hauptmuskelkräfte in der richtigen Reihenfolge zu koordinieren (vgl. Seite 133f). Anfänger konzentrieren sich nämlich während des Angleitens oder -drehens zu sehr auf das Gerät, setzen folglich nur die kleinen ‹gerätenahen› Muskelgruppen ein. Sie rennen nicht nur zu schnell an, sie werfen oft auch nur mit dem Arm. Erst die Schulung von Standwurf (bis zum Drei-Schritt-Wurf) und Standstoß bewirkt nach einiger Zeit, daß große Muskelgruppen des ganzen Körpers beteiligt, Beine und Rumpf in den Wurf oder Stoß miteinbezogen werden.

Kommt dann später die Vorbeschleunigung hinzu, ist es ratsam, die Geschwindigkeit nur behutsam zu steigern, nicht gleich zu schnell anzulaufen, -drehen oder -rutschen. Nur so bricht das noch instabile Bewegungsmuster nicht zusammen, und nur so kann die Anlaufenergie auf das Gerät übertragen werden (vgl. Seite 133).

Methodische Gesichtspunkte

Lernschritte und Bewegungsanweisungen

Organisationswechsel und Erklärungen brauchen Zeit. Gerade beim Werfen und Stoßen ist aber das *Üben* wichtig. Anstatt in zehn kleinen und ständig unterbrechenden Lernschritten vorzugehen, ist es daher in vielen Fällen angebracht, nur drei bis maximal fünf wesentliche Lernschritte zu planen und die restlichen für den ‹Bedarfsfall› lediglich im Gedächtnis zu haben. Sie kommen nur dann und nur bei den betreffenden Schülern zum Zuge, wenn der Lernprozeß ins Stocken gerät. Nicht alle der in den

«Grundschulen» beschriebenen Möglichkeiten müssen von vornherein angeboten werden.
Werfen und Stoßen sind sehr komplex. Am besten ist es, dem in diesem Bereich wenig erfahrenen Schüler nur jeweils eine Bewegungsanweisung zum entsprechenden Lernschritt zu erteilen, um ihn nicht zu überfordern. Auch die Korrekturen sollten sich zunächst nur auf die gerade umzusetzende Information beziehen. Wer sich als Anfänger mit dem Impulsschritt beim geraden Wurf, dem Hüfteinsatz beim Stoß oder dem Umsprung auf der Ringachse beim Drehwurf auseinandersetzt, der kann nicht gleichzeitig auf den ‹langen› Arm, den angehobenen Ellbogen oder das ‹Schleppen› des Gerätes achten.

Theorie praktisch
Schüler sollen nicht nur werfen, sondern auch etwas über das Werfen lernen. Besonders sollen sie lernen, sich gegenseitig zu beobachten und sinnvoll zu korrigieren. Weshalb sollte nur der Lehrer wissen, was falsch und was richtig ist? Es geht nicht nur um das «Wie», sondern vor allem auch um das «Warum» eines Bewegungsablaufes: Warum soll der Arm beim Schlagball- oder Speerwurf gestreckt sein und das Gerät nicht zu tief geführt werden? Warum wird beim Stoß die Beinmuskulatur miteinbezogen, die Schulterachse beim Abstoß blockiert? Warum soll beim Diskus- oder Schleuderballwurf die Drehung über das Knie eingeleitet, nicht am Gerät gezogen oder die Ringachse verlassen werden?
Falsch wäre es allerdings, solche Themen mit Tafel und Kreide aufarbeiten zu wollen. Besser ist es, Theorie und Praxis auf dem Sportplatz zu verbinden, z. B. im Rahmen der schon erwähnten Experimente (vgl. Seite 130 ff).

Organisation und Sicherheit
Der Unterricht sollte nicht an einer zu geringen Anzahl von Geräten scheitern. So kann z. B. ein Teil der Schüler mit Schlag-, Hand- und Nockenbällen werfen, mit Reifen, Ringen und Schleuderbällen agieren oder mit Medizinbällen stoßen, der andere mit den zur Verfügung stehenden Speeren, Disken und Kugeln. Die Notwendigkeit zu differenzieren besteht ja ohnehin, und nicht alle Schüler müssen zur selben Zeit denselben Lernschritt vollziehen.
Die Form der *Gruppenarbeit,* des partnerunterstützten Unterrichts bietet sich dabei besonders an. Allerdings darf diejenige Gruppe, die mit den Originalgeräten wirft, aus Sicherheitsgründen nicht unbeaufsichtigt sein.
Zu Beginn der in den folgenden Kapiteln beschriebenen «Grundschulen» des geradlinigen Wurfes, Stoßes und des Drehwurfs sollen jeweils die hierfür geeigneten Formen des ABC noch einmal aufgegriffen werden. Dafür

empfehlen sich aus Gründen eines möglichst häufigen und effektiven Werfens mit ungefährlichen Geräten ganz bestimmte Organisationsformen (vgl. Seite 117f).
Der Einsatz von Speeren, Disken, Kugeln, Nockenbällen und Gummistäben (zum Teil auch Schleuderbällen) ist nicht ungefährlich. In diesem Fall hat das Einhalten der *Sicherheitsmaßnahmen* gegenüber allen anderen methodischen Überlegungen vorrangige Bedeutung, ohne daß dabei auf antiquierte Ordnungsformen wie z. B. das Stoßen auf Kommando zurückgegriffen werden müßte. Es genügt, eindeutige einschränkende Bedingungen zu formulieren:
– Sich einander nicht gegenüberstehen und zustoßen oder zuwerfen! (Ausnahme: aus größerer Entfernung mit dem Schleuder- und Schlagball)
– Niemand befindet sich innerhalb des Wurffeldes bzw. der Stoßanlage!
– Unmittelbar an der Wurfhandseite hält sich bei Stoß und Drehwurf niemand auf! Mit dem Diskus darf zumindest mit Drehung ohnehin nur aus dem Käfig (oder alten Handballtoren mit Drahtnetz) heraus geworfen werden!
– Linkshänder stoßen und werfen (in Aktionsrichtung gesehen) im Klassenverband auf der äußeren linken Seite!
– Die Geräte werden gemeinsam geholt und zurückgetragen, nicht -geworfen!
– Beim gemeinsamen Werfen mit Speeren oder Schleuderbällen auf dem Rasen und in der Vorwärtsbewegung immer etwa auf derselben Höhe bleiben!
– Bei Erklärungen werden Speere mit der Spitze auf den Boden gestellt und senkrecht gehalten! In Pausen oder während ‹Trockenübungen› ohne Gerät liegen sie grundsätzlich am Boden, stecken nicht!
– Besondere Vorsicht bei feuchtem Untergrund! Speere und Disken gleiten nach dem ersten Aufsetzen beschleunigt weiter!
Schließlich spielt aber neben der Sicherheit der Schüler auch die pflegliche Behandlung der Geräte eine Rolle:
– Um Verluste sofort zu erkennen, sollten sie jeweils bei der Ausgabe und beim Einsammeln gezählt werden!
– Disken grundsätzlich ablegen und nicht fallen lassen!
– Hallendisken und Gummischeiben mit ihren empfindlichen Nähten nicht gegen die Wand schleudern!
– Speere so werfen, daß sie nicht an Bahnumrandungen, Stadiontreppen oder Barrieren landen!
– Auf derselben Stadionseite nicht gleichzeitig mit Speeren und Disken werfen, Speere auch nicht als Weitenmarkierung in die Erde stecken! In beiden Fällen würden sie beschädigt.

Grundschule des Werfens und Stoßens

Der gerade Wurf

Werfen mit Schlag- und Handball

Das Werfen mit Bällen ist leichter als das Werfen mit dem langen Speer. Es erfordert weniger Kraft und ein geringeres Koordinationsvermögen (vgl. Seite 132ff) und entspricht einem kindgemäßen Bewegungsmuster des Werfens (vgl. Seite 135f). Es ist eine eigenständige, in sich geschlossene Disziplin, mit der die «Grundschule des geraden Wurfs» abgeschlossen werden kann; zugleich stellt es eine wichtige Voraussetzung für das spätere Werfen mit dem Speer dar.

● Der Bewegungsablauf beim Schlagballweitwurf (vgl. Bildreihe auf diesen Seiten

Während des Anlaufs von drei bis sieben Schritten wird der Ball auf den letzten drei Schritten zurückgenommen. Der Arm ist gestreckt, der Ellbo-

gen nicht zu weit unterhalb der Schulterachse, die beim Ausholen parallel zur Wurfrichtung liegt. Kurz nach oder mit der Ausholbewegung wird beim zweitletzten Schritt ein Impuls gesetzt, bei dem der Körper in Rücklage kommt und die Wurfauslage vergrößert wird. Dieser Schritt ist flach und schnell nach vorne gerichtet, wobei das überholende Bein mit dem Fuß schräg zur Laufrichtung vor das andere gesetzt wird. Der letzte Schritt sollte etwas länger sein und wenigstens ansatzweise ein Stemmen ermöglichen. Schlagartig wird der Ball über Kopfhöhe abgeworfen, wobei das Stemmbein eine greifend-ziehende und dann streckend-hebende Bewegung durchführt.

● Die Einführung des Schlagballweitwurfs

Zur Auswahl stehen der 80-g-Ball für die jüngeren Schüler und der schon in der Mittelstufe verwendbare 200-g-Ball. Er ist fast genauso klein und handlich wie der leichtere, läßt sich von kräftigeren Schülern aber eindeutig besser werfen, bietet beim Abwurf etwas Widerstand und verhindert einen (verletzungsträchtigen) ‹Schlag ins Leere›.

Am besten werden zu Beginn der «Grundschule» nochmals ein paar Formen des «ABC» aufgegriffen, und zwar in der Reihenfolge «Vom Ziel- über das Zielweitwerfen zum Weitwerfen».

Die Wurfauslage
- Seitlich zur Wurfrichtung stehen; den Arm nach hinten führen, strecken und das Bein der Wurfarmseite beugen (Bildreihe oben).
- Zusätzliche Möglichkeiten im ‹Bedarfsfall›: Die Bälle werden von hinten geholt, entweder von einem Kleinkasten (Bildreihe oben), oder sie werden vom beobachtenden und korrigierenden Partner gereicht.

Der Abwurf
Aus der Wurfauslage abwerfen (Bildreihe oben)
- unter aktiver Streckung der Beine (‹Groß werden›),
- bei aktivem Nach-vorne-Bringen der Hüfte auf der Wurfarmseite und
- mit hohem Ellbogen.

Sollte die Beinmuskulatur trotz verbaler Hinweise in nicht ausreichendem Maß eingesetzt werden, so läßt man im Vergleich dazu einmal aus dem *Kniestand* (Bildreihe unten) oder aus einer leichten *Schrittstellung* frontal zur Wurfrichtung (Bildreihe nächste Seite) abwerfen.

Abwurfvorbereitung und Anlauf
- *Drei-Schritt-Rhythmus:* Mit der Schrittfolge «links–rechts–links» (Rechtswerfer) ist die Wurfauslage einzunehmen. Der Ball ist von Anfang an hinten, d. h. der Arm ist gestreckt, und der zweitletzte Schritt ist der Impulsschritt. Bei akustischer Unterstützung durch Mitzählen liegt die Betonung (wiederum für Rechtswerfer) auf «rechts», wobei das Wort kurz und schnell auszusprechen ist. Als optische Hilfe hat sich das Durchführen des Impulsschrittes über eine ‹Gasse› bewährt: gezogene Linien, Bahnmarkierungen, Klebebandstreifen, Turnmatten (vgl. Bildreihe Seite 151)
- *Ausholbewegung:* Der Arm ist zu Beginn dieser drei Schritte nicht mehr von vornherein gestreckt. Nun soll die Ausholbewegung den Impulsschritt einleiten.
- *‹Stemmen›:* Der letzte Schritt soll langgezogen werden, wenigstens aber nicht zu kurz ausfallen.
- *Längeres Anlaufen mit Abwurf des Balls:* Während die oben genannten Übungen von dem nicht so schnell lernenden Teil der Klasse beibehalten werden, können einige Schüler schon ihren Anlauf auf fünf bis sieben Schritte ausdehnen – zuerst wieder nur in die Wurfauslage kommen, dann den Ball auch abwerfen. Dabei sollte der Anlauf aber nur so schnell sein, daß der Rhythmus «Arm lang und Impuls – Stemmen und Abwurf» unter den Kriterien des ‹Groß-Werdens›, des Hüfteinsatzes und des auf Schulterachsenhöhe angehobenen Ellbogens noch kontrolliert durchgeführt werden kann (vgl. Seite 137 und die Bildreihe auf Seite 140/141).

● Fehlerbilder und Korrekturen

Fehlerbilder	Korrekturen
– Die Bewegung bricht beim Anlaufen oder Werfen auf Weite zusammen	Rhythmus im Gehen üben; dann langsam anlaufen, dabei Abwurfvorbereitung und Abwurf bewußt durchführen; nicht zu früh auf Weite unter Wettkampfbedingungen werfen lassen
– Zu Beginn des Abwurfes ist der Wurfarm schon stark gebeugt	nochmals Standwürfe, wobei der Ball von hinten gereicht wird; Abwurf-Imitation gegen Partner-Widerstand; Werfen gegen die Wand aus gebeugtem und gestrecktem Arm, Unterschied erfühlen (vgl. Armexperimente auf Seite 131)
– Beim Abwurf ist der Arm zu tief, deutlich unterhalb der Schulterachse	Verbale Hinweise; nochmals Wurfauslage im Stand wiederholen, dann mit langsamem Anlauf; vor dem Abwurf anhalten und überprüfend den Arm ansehen; Abwurf-Imitation mit Partner-Widerstand
– Der Impulsschritt ist nicht flach nach vorne gerichtet, sondern ein ‹Hopser›	Üben über eine ‹Gasse›; Traben, dabei ab und zu ‹unten überholen›, in Rücklage kommen (vgl. Beinexperimente auf Seite 131)
– Der Werfer wird beim Abwurf nicht ‹groß›	Frontalwürfe aus der Schrittbeuge bzw. Streckwürfe aus dem Kniestand
– Der Rechtswerfer (Linkswerfer) hängt beim Abwurf stark nach links (rechts), weicht mit dem Oberkörper aus	Dem Ball möglichst lange ‹nachgehen›, d. h. mit dem nachschleifenden Bein am Stemmbein vorbei nach vorne (über die Abwurflinie hinaus) umsteigen; außerdem: Kopf nicht zur Seite neigen, Oberarm auf der Nicht-Wurfarmseite anheben

Werfen mit Gummiring und Gummistab

Das Werfen mit diesen Geräten, die schon im Rahmen des Wurf-ABC erprobt werden können, darf wohl kaum wie der Ballweitwurf als traditionelle und damit eigenständige Disziplin angesehen werden. Aber es spricht Schüler in der Regel sehr stark an, kann auch schon bei jüngeren Jahrgängen angeboten werden, und es erleichtert als Zwischenstufe den Zugang zum Speerwerfen.

Der gerade Wurf 145

Werfen mit Gummiring und -stab fördert den sauberen Abwurf; denn Gummiring und Gummistab reagieren aufgrund ihrer spezifischen Flugeigenschaften (rotierend, überschlagend) im Gegensatz zu Bällen auf Fehler deutlich sichtbar. Auch ohne große Korrekturen lernen die Schüler über die Rückmeldung des Flugverhaltens mit wenigen Tips schnell, auf einen geradlinigen Abwurf zu achten. Außerdem kann bei etlichen Übungsformen das Bewegungsgrundmuster des Dreier-Rhythmus erneut aufgegriffen und stabilisiert werden.

Besonders effektiv ist der Unterricht, wenn zwei Schülern zusammen eines dieser nicht teuren Geräte zur Verfügung steht. Da viel geworfen werden soll, sind mit den Würfen aus Gründen der Abwechslung immer wieder neue Aufgabenstellungen zu verbinden; wenig Zeitverlust entsteht, wenn einleitendes Aufwärmen (Zuwerfen im Stehen und in der Bewegung, «Ring über die Schnur») und abschließender Wettkampf (vgl. z. B. «Abstandsmaximierung» auf Seite 124) in Einzelstunden ebenfalls mit dem Ring erfolgen.

- Zwei Partner stehen sich gegenüber; Arm lang, Ring senkrecht zwischen Daumen und Zeigefinger halten; linkes Bein (bei Rechtswerfern) vor; über das linke Bein werfen und auf das rechte nachgehend umsteigen; der Ring setzt etwa nach zwei Dritteln des Partnerabstandes am Boden auf, rollt weiter oder springt rotierend weg, dem aufnehmenden Schüler geradlinig entgegen.

- Dieselbe Ausgangsposition, derselbe gerade Abwurf aus dem ‹langen› Arm heraus; der Partner bleibt mit gespreizten Beinen fest stehen, läßt den circa fünf Meter vor ihm aufsetzenden Ring durch die Beine rollen, nimmt ihn nach einigen Versuchen noch mit einer Seitbeuge nach hinten-unten auf (Foto rechts).

- Dieselbe Ausgangsposition, derselbe Wurf mit Aufsetzen; der Partner korrigiert seine Position gegebenenfalls einen Schritt nach links oder rechts und läßt den Ring – was gar nicht so schwer ist – über den Rist (Spann) am Bein hochlaufen, fängt ihn in Hüfthöhe ab (Fotos oben).

Diese Formen lassen sich gut in Hallen, auf der Bahn und in Segmenten anwenden, nicht gut auf Rasen. Alle weiteren sind auch für Grasplätze geeignet.

Der gerade Wurf   147

- Abwurf wie bei der ersten Übung; der Ring setzt aber nicht mehr am Boden auf, sondern wird dem Partner direkt zugeworfen – über das linke Bein und aus dem von Beginn an ‹langen Arm›.
- Werfen aus dem Stand mit kreisförmigem Ausholen: Der Ring wird nun neben dem Kopf gehalten, in einer harmonisch-runden Kreisbewegung nach vorne-unten und hinten-oben geführt und aus dem gestreckten Arm geradlinig abgeworfen; rechts nachsteigen.
- Werfen aus dem Drei-Schritt-Rhythmus (Bildreihe unten): Ring neben dem Kopf; Schritt links (Rechtswerfer); zweitletzter Schritt als flacher schneller Impulsschritt mit rechts und dabei die kreisförmige Ausholbewegung wie oben beschrieben; letzter langer Schritt links, Abwurf und umsteigen.
- Dieselbe Übung mit dem etwas schwieriger zu werfenden Gummistab. Eventuell gehen ihr Frontalwürfe aus der leichten Schrittbeuge-Stellung (vgl. Bildreihe Seite 143) voraus; der Arm ist von vornherein hinten, Beine kräftig strecken, abziehen.

Werfen mit dem Speer

Dem Schlagballweitwurf und den Vorübungen mit Gummiring und -stab kann nun die Hinführung zum Speerwurf folgen – mit dem Originalgerät im Sommer oder mit dem Nockenball im Winter. Mit diesen Vorerfahrungen ist die Grobform des Fünfer-Rhythmus schon in einer bis zwei Stunden annähernd zu erreichen. Selbstverständlich wählen wir dabei das leichtere 600-g-Gerät.

● Der Bewegungsablauf des Speerwerfens im Unterschied zum Schlagballweitwurf

In zwei Punkten sollte sich der Speerwurf (vgl. Bildreihe auf diesen Seiten) deutlich vom Ballwurf (vgl. Bildreihe Seite 140/141) unterscheiden:
- Die Ausholbewegung, «Speerabnahme» genannt, kommt vor dem impulsgebenden zweitletzten Schritt, fällt nicht mehr (fast) mit diesem zusammen. Die Reihenfolge der Bewegungen innerhalb des Fünfer-Rhythmus heißt: Speerabnahme auf zwei bis drei Schritten – Impulsschritt (Rücklage) – Stemmen.
- Dieses Stemmen sollte ausgeprägter, der letzte Schritt also länger sein; dadurch kann (vom Schüler ansatzweise) eine Bogenspannung erreicht werden (vgl. Seite 133).

● Greifen des Speers
Am besten wählt man den sogenannten «Daumen-Zeigefinger-Griff» (Foto rechts). Bewegungsanweisung: «Haltet den Speer mit der linken Hand senkrecht. Faßt ihn oben mit der rechten Hand. Schließt diese und fahrt am Speerschaft bis zur Griffwicklung herunter!»

● Würfe mit dem abgenommenen Speer

Auch der Speerwurf wird vom Abwurf her eingeführt, also entgegen dem Bewegungsablauf.

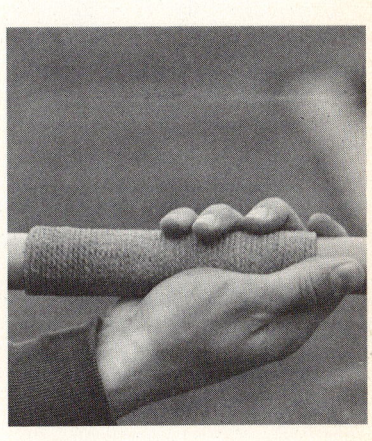

Geradliniges Abwerfen, punktförmiges Treffen
– *Ausgangsposition:* Speer hinten, Arm gestreckt und oben, die Speerspitze zeigt leicht nach vorn-unten; gehen und über das linke Bein (Rechtswerfer) in etwa fünf bis acht Meter Entfernung in die Erde werfen; weitergehen (Foto links).

– *Kontrollmöglichkeit* für den Schüler: «Steckt der Speer in Wurfrichtung im Boden? Zeigt das Speerende genau zu mir her?»
– *Organisationsformen* (Abb. unten): Würfe gegen den Erdwall oder immer nebeneinander auf derselben Höhe über den Rasenplatz gehen und werfen. Gemeinsam nachgehen; erneut von einer gemeinsamen gedachten Linie aus werfen. Mangelt es an Speeren, haben jeweils zwei Schüler zusammen ein Gerät. Zuerst wirft der eine, und der andere korrigiert; dann umgekehrt. Der Lehrer wechselt hinter der Gruppe von links nach rechts und zurück, korrigiert ebenfalls.

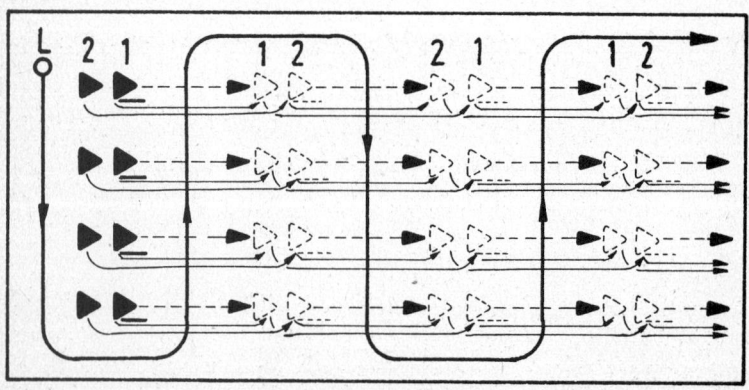

Impuls- und Stemmschritt
- Wiederum mit abgenommenem und angehobenem Speer über den Platz gehen (vgl. Foto Seite 150); dabei – analog den schon vorhandenen Bewegungsmustern – einen betont schnellen und flachen, ‹unten überholenden› und eine Rücklage bewirkenden Impulsschritt durchführen – zuerst ohne, dann mit Abwurf.
- Kann man dieses auch aus dem leichten Trab heraus und mit einem etwas längeren letzten Schritt zusammen zu einem harmonischen Rhythmus «links–rechts–links» («links–schnell–lang») verbinden, so beherrscht man eine der wichtigsten Übungen des Speerwurfs (vgl. Bildreihe Seite 148/149).

Im Bedarfsfall wird der Impulsschritt innerhalb des Dreier-Rhythmus über zwei Bahnmarkierungen hinweg geschult (vgl. Bildreihe auf dieser Seite). Der Wurf erfolgt in den Rasen.

«Und» «links» «rechts»

● Speerabnahme und Fünfer-Rhythmus

Die Speerabnahme wird am besten unabhängig von der Beinarbeit eingeführt:

- *Tragen* des Speers: Über den Platz traben, mit abgewinkeltem und angehobenem Ellbogen, den Speer in Kopfhöhe. Er soll dabei mit der Spitze leicht nach oben zeigen und trotz der Laufbewegung ruhig in der Luft liegen, d. h. nicht vor- und zurück- oder seitwärts hin- und herpendeln.
- *Abnehmen:* Dasselbe, jedoch wird nun der Speer während des Trabens alle fünf bis zehn Meter (geradlinig und relativ hoch) direkt nach hinten geführt bzw. am Anfang vom Schüler eher ‹überholt› – nicht unkontrolliert zurückgerissen. Dabei dreht man den Kopf zur Wurfseite, so daß die

Stop und Kontrolle:
«Ist der Speer hinten,
der ‹hohe› Arm
«links» ‹lang›?» «Impuls»

Schulterachse annähernd parallel zur Wurfrichtung zu liegen kommt. Bei beiden Übungen wird noch nicht abgeworfen.
- *Fünfer-Rhythmus:* Ablauf der Bewegung im Gehen und ohne Abwurf (Demonstration und Mitzählen des Lehrers – vgl. Bildreihe auf diesen Seiten).
Was wurde gemacht? Dem Dreier-Rhythmus sind lediglich noch zwei Schritte vorgeschaltet worden, die die Speerabnahme einleiten.
- Selbständiges Üben (Partnerkontrolle und Korrektur),
- Fünfer-Rhythmus immer wieder über den ganzen Platz aus dem leichten Traben heraus und nach der in Abb. Seite 150 vorgestellten Organisationsform,
- dasselbe nun mit Abwurf.

● Der zyklische Anlaufteil

Erst wenn der azyklische Anlaufteil des Fünfer-Rhythmus stabilisiert ist, wird er um den zyklischen Teil verlängert. Jetzt sollte auch nicht mehr vom Rasen aus geworfen werden. Selbst auf trockenem Gras kann nicht mehr richtig gestemmt und sauber abgezogen werden. Darüber hinaus ist das Verletzungsrisiko (Ausrutschen) auf Rasen zu groß.
- Zwischen beiden Anlaufteilen befindet sich eine Marke. Sie soll der Rechtswerfer nach ungefähr zehn Metern mit dem rechten Bein erreichen. Mit dem linken beginnt dann der Fünfer-Rhythmus. Der vorausgehende Anlaufteil sollte jedoch nur langsam verlängert und erst allmählich schneller durchgeführt werden; denn die Bewegung der Abwurfvorbereitung darf nicht zusammenbrechen (vgl. Seite 137).

«Stemmen»

- Die Schüler sprechen beim Erreichen der Zwischenmarke zu sich selbst: «Arm lang–Impuls–Stemmen». Etwa zwei Meter vor der Abwurflinie erfolgt dann der Abwurf.

● Fehlerbilder und Korrekturen
Zu den im Zusammenhang mit dem Ballweitwurf erwähnten Fehlern und Korrekturmaßnahmen (vgl. Seite 144), die nun analog gelten, kommen die folgenden hinzu:

Fehlerbilder	Korrekturen
– Geschwindigkeitsabfall zu Beginn des Fünfer-Rhythmus	Nicht zu dynamisch starten; den zyklischen Anlaufteil langsamer gestalten und erst nach Stabilisierung der Abwurfvorbereitung aufschalten
– Unruhige Speerführung; das Gerät wird verkrampft gehalten, «macht die Anlaufbewegungen des Körpers mit»	Lauf mit dem Speer üben (vgl. Seite 152); das Gerät lockerer fassen
– Der Speer wird nicht neben dem Kopf, sondern in Brusthöhe geführt	Lauf mit dem Speer nochmals isoliert üben; Imitation der Abwurfbewegung gegen Partnerwiderstand
– Der Speer zeigt nicht in Wurfrichtung, kann nicht punktförmig getroffen werden (Ursache sind meist Impulsschritt oder Abnahme)	Würfe mit dem abgenommenen Speer in den Boden (vgl. Seite 150); Üben des Impulsschrittes mit Augenmerk auf die Richtung des Speeres; Blickkontrolle
– Bei Speerabnahme oder Impulsschritt wird das Handgelenk abgeklappt, Speerende am Boden	Speerabnahme (vgl. Seite 151f) und Impulsschritt nochmals isoliert üben
– Beim Impulsschritt wird der Wurfarm abgewinkelt, der Speer herangezogen	Impulsschritt üben
– Der Stemmschritt ist zu kurz und flüchtig, außerdem keine aktive Beinstreckung	Dreier-Rhythmus unter Betonung eines längeren letzten Schrittes (vgl. Seite 153 und Beinexperimente auf Seite 131); Frontalwürfe mit dem Ball aus Schrittbeuge oder Kniestand unter aktiver Beinstreckung (vgl. Seite 142f)

Das Stoßen

Stoßen mit dem Medizinball

● Vor- und Nachteile

Das Stoßen mit dem Medizinball soll die Einführung des Kugelstoßes erleichtern. Das gilt insbesondere dann, wenn nur sehr schwere Eisenkugeln zur Verfügung stehen. Wenn möglich, sollte man die kleine Ausführung des Medizinballs verwenden; aber sowohl der große als auch der kleine Medizinball muß mit zwei Händen gehalten und mit einer Hand abgestoßen werden. Der kleine Nachteil der Unhandlichkeit birgt jedoch neben dem leichteren Gewicht einen wesentlichen Vorteil: Durch das Abstützen des Balles mit dem freien Arm ist die Schulter auf dieser Seite angehoben. Dadurch wird von vornherein weitgehend verhindert, daß im Augenblick des Stoßes mit dem Oberkörper durch ein seitliches Abknicken in der Hüfte stark ausgewichen, das Gerät fehlerhaft ‹verlassen› wird.

Der Einsatz des Medizinballs hat aber nicht nur im Vorfeld des Kugelstoßens seine Berechtigung. Insbesondere dann, wenn eine Schule zu wenige Kugeln besitzt, kann er als Alternativgerät dienen.

● Einführende Standstöße

Mit dem Partner oder gegen die Wand:
- *Frontalstöße* (Bildreihe unten): Schulterachse quer zur Stoßrichtung, Ellbogen hoch, Schrittstellung in Stoßrichtung, Beine leicht gebeugt, Oberkörper etwas zurück; Stoß unter Kontraktion der Bauchmuskulatur und aktiver Beinstreckung. Im Bedarfsfall: Frontalstöße aus dem Kniestand unter Beineinsatz (vgl. Seite 142 unten).

– *Stöße aus der Stoßauslage* (Bildreihe auf diesen Seiten; aus anderer Perspektive und bereits mit der Kugel vgl. Bildreihe unten): Ausgangsposition seitlich zur Stoßrichtung, Stoßbein zur Stoßrichtung drehen, Gewicht auf das Stoßbein nehmen, Oberkörper entgegen der Stoßrichtung zurückführen und über das gebeugte Stoßbeinknie leicht tiefgehen, der freie Arm stützt den Ball ab, Ellbogen des Stoßarms zur Schulterachse anheben; Stoß in Form einer *Dreh-Streck-Hebe-Bewegung*. Besonderes Augenmerk ist dabei auf die richtige Kräftereihenfolge und den Einbezug der großen Muskelpartien sowie den Hüfteinsatz zu legen (vgl. auch Seite 133 f).

Im Bedarfsfall bei ungenügendem Beineinsatz: Den Medizinball mit gestreckten Beinen nur mit dem Arm zur Decke stoßen, dann aus der Hocke mit aktivem Beineinsatz den Ball beschleunigen; Unterschied?

- Der erste Stoß mit Vorbeschleunigung:
  Frontalstöße aus dem Drei-Schritt-Rhythmus

Jeder Schüler zählt «links-rechts-links» (Rechtsstoßer). Er beginnt mit dem linken Bein frontal zur Stoßrichtung, dreht beim Impulsschritt mit dem rechten Bein in eine nicht zu tiefe Stoßauslage und stößt über das linke, stemmende Bein mit hohem Ellbogen und Schulterblock – dem Partner zu oder gegen die Wand (vgl. Fotos Seite 161). Recht schnell entwickelt sich dabei ein runder harmonischer Stoß, der erste Erfolgserlebnisse vermittelt und z. B. die Wettkampfform der «Abstandsmaximierung» (vgl. Seite 124) ermöglicht; außerdem wird der Übergang zum Stoßen mit der Kugel erleichtert.

Stoßen mit der Kugel

- Der Bewegungsablauf des Kugelstoßens
  beim trainierten Leichtathleten und beim Schüler

Biomechanisch gesehen am zweckmäßigsten ist im Hinblick auf eine größtmögliche Stoßweite die in den 50er Jahren von dem Amerikaner Parry O'Brien entwickelte *Rückenstoßtechnik* mit tiefem Angleiten. In einem Jahrzehnt ermöglichte sie eine Verbesserung des Weltrekords um annähernd vier Meter über die Traummarke von 20 Meter hinaus. Diese Rückenstoßtechnik, die die alten Techniken des Seitwärts-Angleitens ablöste, gewährleistet (wie die noch jüngere Drehstoßtechnik) einen optimal langen Beschleunigungsweg.

Ist es aber richtig, diese für den trainierten Athleten zweckmäßige Technik auf den Schulsport zu übertragen? Erweist sie sich z. B. auch für den Schüler mit durchschnittlicher Kraft als optimal? Neben einem langen Beschleu-

nigungsweg der Kugel und der Krafteinwirkungszeit spielt eben auch die Kraft selbst eine Rolle (vgl. Seite 132 und 135f). Hinzu kommen bei der Rückenstoßtechnik hohe koordinative Anforderungen, denn sie führt ohne Zwischenphase direkt vom Auftakt in die Stoßauslage (Bildreihe auf diesen Seiten).

Viele, denen die nötigen konditionellen Voraussetzungen fehlen, entwikkeln erfahrungsgemäß nur dann eine Antipathie gegen das Stoßen, wenn ihnen die Rückenstoßtechnik und das tiefe Angleiten als einzige Lösungsmöglichkeit quasi aufgezwungen wird – unabhängig von ihren persönlichen körperlichen Bedingungen. Der Sportlehrer wird demzufolge gut daran tun, die Idealtechnik der Weltbesten den körperlichen Voraussetzungen seiner Schüler entsprechend zu modifizieren und eine leichtere Kugel (als verbandsintern festgelegt) zu wählen (vgl. Seite 136).

Einige solcher vereinfachten Technikvarianten werden auf den Seiten 161 bis 163 beschrieben. Ihnen liegen die auf der nächsten Seite genannten Prinzipien zugrunde.

$\Leftarrow$ ≈ 12/13 Jahre ≈ 16/17 Jahre $\Rightarrow$

Je jünger, weniger kräftig und leichter desto
- aufrechter
- frontaler oder seitlicher zur Stoßrichtung
- eher Angeh- oder Anhupftechnik mit Zwischenkontakt in die Stoßauslage

Je älter, kräftiger und schwerer desto
- tiefer
- mehr mit dem Rücken zur Stoßrichtung
- eher Angleittechnik (Anrutschtechnik) direkt in die Stoßauslage

- Fassen und Anlegen der Kugel

Die Kugel ruht auf den Fingerwurzeln. Der kleine Finger und der Daumen werden seitlich leicht abgespreizt. Das Gerät wird an Kinn und Hals in der Schlüsselbeingrube angelegt (Foto oben).

- Stoßauslage und Standstöße
- *Frontalstöße aus der Schrittstellung:* Hier wird das mit dem Medizinball eingeführte Bewegungsmuster aufgegriffen (vgl. Seite 155), die Kugel aber frei gehalten (Bildreihe unten).
- *Standstöße aus der seitlichen Ausgangsposition* mit angelegter Kugel nach dem schon ausführlich beschriebenen Bewegungsablauf (vgl. Bildreihen Seite 156/157): Zuerst Imitation, dann mit Abstoß der Kugel; dabei

- den Oberkörper (nach den Grundsätzen von Abb. Seite 159 unten) mehr oder weniger gegen die Stoßrichtung zurückführen;
- mit dem Oberkörper mehr oder weniger tiefgehen;
- direkt aus der Stoßauslage ‹von unten kommen› (Abb. Seite 156) oder mit Auftakt: aufrecht stehen, dann ‹zurückfallen› in die Stoßauslage und unter Ausnutzen eines ‹Rebound-Effektes› sofort wieder herauskommen.

Einzelstöße aus dem Ring sind noch nicht angebracht und hemmen einen flüssigen Übungsbetrieb.

Werden leichtere Kugeln benutzt, so empfiehlt es sich nicht, noch in derselben Stunde zu schwereren zu wechseln.

● Die schülergemäße Technik:
  Vorbeschleunigen durch Angehen und Anhüpfen
- *Frontalstöße aus dem Drei-Schritt-Rhythmus* (Bildreihe auf dieser Seite): «links–rechts–links»; über dem linken Bein ‹groß werden› und mit angehobenem Ellbogen stoßen.

- *Seitlich angehen* bzw. anhüpfen (Bildreihe oben).
- *Rückwärts angehen* bzw. anhüpfen (Bildreihe unten).

Beide Technikvarianten unterscheiden sich vom einführenden Drei-Schritt-Stoß dadurch, daß sie im Ring durchgeführt werden können. Die Bewegungsabläufe sind kürzer. Aber sie führen ebenfalls noch nicht direkt in die Stoßauslage und sind – im Gegensatz zum Angleiten – durch einen Zwischenkontakt gekennzeichnet (vgl. Seite 158f). Während des Angehens (eines der Beine ist immer am Boden) oder Anhüpfens (kurze kontaktlose Phase) zählt man bei der oben angebildeten Variante «Seit – ran – seit», bei der unteren «Rück – ran – rück». Aus der zuletzt genannten kann dann später unter der Voraussetzung eines ausreichenden Kraftniveaus die ‹richtige› Rückenstoßtechnik mit Angleiten entwickelt werden.

- Für Fortgeschrittene: Vorbeschleunigen durch Angleiten (Anrutschen) oder Andrehen – die Rückenstoß- und Drehstoßtechnik

Der Unterschied zwischen der Rückenstoß-Technik (O'Brien-Technik) und allen bislang aufgezeigten Varianten besteht darin, daß hier das «Prinzip der drei Kontakte» aufgegeben und vom Abdruck ohne Zwischenkontakt direkt in die Stoßauslage gerutscht wird (vgl. Bildreihe Seite 158/159). Einen optimal langen Beschleunigungsweg bietet auch die *Drehstoßtechnik* (Baryschnikow-Technik). Es ist allerdings schwierig, die Bewegung aus der Rotation geradlinig weiterzuführen. Beide Techniken eignen sich erst für Fortgeschrittene, gehören nicht mehr zur «Grundschule des Stoßens».

● Fehlerbilder und Korrekturen

Fehlerbilder	Korrekturen
– Das Stoßbein wird nicht mit unter den Körper gezogen, Oberkörper, Gewicht und Kugel befinden sich nicht darüber	Überprüfung in der Stoßauslage nach Angehen oder -hüpfen: Befindet sich die Kniescheibe des Stoßbeines über den Zehenspitzen?
– Das Stoßbein wird beim Rückwärts-Angehen mit dem Fuß nicht eingedreht	Unterschied zwischen eingedrehtem und nicht eingedrehtem Fuß bei der Gewichtsverlagerung auf das Stoßbein (etwas tiefgehen) erfühlen (Oberschenkelspannung)
– Beim Abstoß gibt das Stemmbein im Kniegelenk nach	Dreh-Streck-Hebebewegung des Standstoßes wiederholen
– Beim Abstoß bildet das Stemmbein eine Drehachse, keinen Hebel	Hüft- und Rumpfeinsatz bei Standstößen betonen
– Mangelhafter Beineinsatz, Kräfte richten sich zu früh auf die Kugel	In die Stoßauslage ‹sich fallen lassen› und sofort wieder aktiv das Stoßbein strecken; Vergleiche: Stöße nach oben mit durchgedrückten Knien und aus der Hocke; Medizinballstöße im Sitzen und im Stehen
– Seitliches Aufrichten des Oberkörpers aus der Stoßauslage, Schulterachse fast parallel zur Stoßrichtung	Hüfteinsatz bei Standstößen besonders betonen
– Seitliches Abknicken des Oberkörpers beim Abstoß, Weiterrotieren, kein Schulterblock	Gegenschulter und Ellbogen der Nicht-Stoßarmseite anheben, auch der Kugel mit dem Arm lange nachgehen und mit dem rechten Bein nachsteigen
– Wurf statt Stoß	Ellbogen bei Standstößen auf Höhe der Schulterachse bringen
– Das Gerät wird nicht ‹getroffen›, die Kugel ‹kommt über die Finger› und rotiert	Nachklappbewegung im Handgelenk üben, insbesondere aber darauf achten, daß der Ellbogen die Kugel beim Abstoß auf der Seite nicht überholt, sich zwar oben, aber hinter der Kugel befindet; Frontal-Standstöße mit der frei gehaltenen Kugel (vgl. Bildreihe Seite 160 unten)

Der Drehwurf

Werfen mit dem Schleuderball

● Eigenständigkeit und Vorstufe

Der Bewegungsablauf des Drehwurfs ist so komplex, daß die im Rahmen des «Wurf-ABC» damit gemachten Erfahrungen zu Beginn der «Grundschule» nochmals aufgefrischt werden sollten. Danach empfiehlt es sich, nicht gleich mit dem Diskus zu beginnen, sondern mit dem Schleuderball. Wir sehen darin einerseits eine eigenständige Disziplin, mit der das Bewegungsmuster des Drehwurfs erschlossen werden kann, andererseits aber auch eine erleichternde Vorstufe zum Diskuswerfen. Mit dem Schleuderball lassen sich Wurfauslage und Abwurf sowie die Beinarbeit schulen, ohne daß die Schüler gleichzeitig noch die besonderen Eigenschaften der Scheibe bewältigen müssen (vgl. Seite 136, 170f). Darüber hinaus verhindert eine gewisse Anzahl von Schleuderbällen organisatorischen Leerlauf beim Werfen mit zu wenig Disken.

● Standwürfe aus der Wurfauslage

Vor allem beim Drehwurf ist der Einsatz der Muskelkräfte in der richtigen Reihenfolge und die Beteiligung großer Muskelgruppen von entscheidender Bedeutung (vgl. Seite 133f, 137). Ausschlaggebend ist das Beherrschen eines körper- und nicht nur armbetonten Standwurfes, dessen Schulung längere Zeit im Vordergrund stehen sollte. Es ist jedenfalls nicht vorteilhaft, das Andrehen früh einzuführen.
- Standwurf mit dem kurzgefaßten Schleuderball, Ausgangsposition frontal zur Wurfrichtung.
- Standwurf mit dem kurzgefaßten Schleuderball, Ausgangsposition seitlich zur Wurfrichtung (Bildreihe unten; aus anderer Perspektive vgl. Bild-

reihe Seite 173). Das der Wurfrichtung abgewandte Bein wird gebeugt, nimmt das Körpergewicht auf und wird eingedreht; Ausholen, d. h. Oberkörper und Wurfarm gegen die Wurfrichtung führen und etwas tiefgehen; Beinstreckung und Vorbringen der Hüfte (nicht dagegen die Wurfbewegung einleitend am Schleuderball ziehen), ‹groß werden›, abwerfen.

Organisationsform: In der Halle gegen die Wand ‹schocken›, im Freien aus ausreichender Entfernung dem gegenüberstehenden Partner zuwerfen; der sich an der Wurfhandseite befindende Nachbar tritt dabei etwas zurück.

● Der schülergemäße Drehwurf aus dem Dreischritt-Rhythmus

Die für den Schüler ‹natürlichste›, leichteste und harmonischste Form des Werfens aus der Drehung, wenngleich auch nicht die biomechanisch zweckmäßigste, ist das Werfen über eine *4/4-Drehung* aus der Frontalstellung mit Blick zur Wurfrichtung über die Schrittfolge «links–rechts–links» (für Rechtswerfer) (Bildreihe auf diesen Seiten).

- Mehrere *Schrittfolgen* ohne Gerät auf einer Linie (Hallenspielfeld, Bahnmarkierung, Fußball-Auslinie),
- dasselbe auch über ‹Gassen› (Querlinien); denn die Schritte sollen nicht nur geradeaus gerichtet, sondern darüber hinaus groß und flach sein,
- dasselbe mit nur einer Schrittfolge, aber nun mit Abwurf des 1-kg-Schleuderballs, wobei das Gerät während der Drehung hinten bleibt, ‹geschleppt› wird.

● Ausbau des Schleuderballwurfs oder Hinführung zum Diskuswurf

Soll später nicht mit dem Diskus geworfen werden, bietet es sich jetzt noch an, den bisher aus Gründen der Erleichterung kurzgefaßten Schleuderball an der langen Schlaufe zu führen und mit zwei Drehungen zu werfen. Wird hingegen beabsichtigt, nach dem Schleuderballwurf das Werfen mit dem Diskus einzuführen, so empfiehlt sich dieses nicht, um keine konkurrierenden Bewegungsmuster einzuschleifen.

Es geht nämlich nicht darum, den Drei-Schritt-Wurf zu einem Sechs-

Schritt-Wurf auszubauen, sondern im Gegenteil darum, ihn in einen ‹Zwei-Umsprünge-Wurf› abzuwandeln:
- *Drehumsprung* «rechts-links» (bei Rechtswerfern) an einer Linie entlang ohne Ball: Ausgangspositionen: frontal zur Wurfrichtung, seitlich zur Wurfrichtung oder mit dem Rücken zur Wurfrichtung (6/4-Drehung; Bildreihen auf dieser Seite; aus anderer Perspektive vgl. Bildreihe Seite 170/171). Die zuletzt genannte Übung entspricht bereits der Schrittfolge des Diskuswurfes. Im Unterschied zum Drei-Schritt-Wurf wird aber nicht nur mit dem Rücken zur Wurfrichtung begonnen, sondern diese um die Hälfte größere Drehung mit einem Schritt weniger bewältigt («eins–zwei» bzw. «rechts–links»). Kriterien: große flache Umsprünge vorwärts, keine Rücklage,
- dasselbe mit Ball ohne Abwurf,
- dasselbe mit Ball und Abwurf.

Der Drehwurf

● Fehlerbilder und Korrekturen

Fehlerbilder	Korrekturen
– Die Drehung wird mit dem Oberkörper eingeleitet	Über das Knie beginnen, nicht am Ball ziehen, den Gegenarm ‹schließend› vor die Brust halten
– kurze und zu hohe Umsprünge («Pirouette»)	Schrittfolge über ‹Gassen› (Linien) üben, groß und flach
– Auf- und Abführen des Balles während der Drehung, zu steiler Abwurf	Ball in einer Ebene leicht ansteigend führen, keine zu starke Vorlage beim ersten Umsprung
– Kein ‹Schleppen› des Geräts, keine Körperverwringung	Drehung unten einleiten, Gegenarm vor die Brust nehmen, bei Drehung hinter dem Rücken mit dem freien Arm den Wurfarm zurückziehen
– Gewicht auf dem Stemmbein, nicht auf dem Abdrückbein in der Wurfauslage	Auf der Ringachse bleiben, keine Rücklage bei der Drehung einnehmen, den zweiten Umsprung ebenfalls lang ziehen
– Kein Hüfteinsatz, zu früher Impuls aus dem Arm	Standwürfe wiederholen
– Zu steiles Abwerfen des Schleuderballs	Gerät während der Drehung nicht auf- und abführen, keine zu große Vorlage beim Umsprung zur Kreismitte

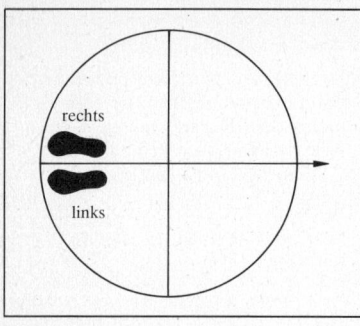

Zeichnungen aus: JONATH, U./HAAG, E./KREMPEL, R.: Leichtathletik 2. Werfen und Mehrkampf. Reinbek 1977, 107.

Werfen mit dem Diskus

Wurde der Schleuderballwurf mit der 6/4- oder 5/4-Drehung beendet, so läßt sich das Werfen mit dem Diskus nahtlos an dieses Bewegungsmuster anknüpfen. Die Beinarbeit ist zu festigen, das Werfen mit der rotierenden Scheibe (später vielleicht auch aus dem Ring) einzuführen.

● Der Bewegungsablauf

Beim Diskuswurf stellen sich die folgenden Bewegungsaufgaben: (1) Zwei große flache und sich dynamisch steigernde Umsprünge entlang der Ringachse ausführen; (2) ‹Schleppen› des Geräts, d. h. eine ständige Körperverwringung beibehalten; (3) Bewältigen der spezifischen Eigenschaften einer Scheibe. Diese drei Kriterien richtig zu koordinieren, stellt eine anspruchsvolle Mehrfachaufgabe dar (Bildreihe oben auf diesen Seiten; aus anderer Perspektive vgl. Seite 168).

Wenn im Rahmen des «Wurf-ABC» und des Schleuderballwurfs das Bewegungsmuster «Drehwurf» nicht vorgeprägt wurde, übersteigen diese Anforderungen den Rahmen einer «Grundschule». Während wir bei allen Schülern den Standwurf mit dem leichten Diskus (1 oder 1,5 Kilogramm) noch versuchen sollten, bleibt das Drehen mit dem Gerät in der Regel der Oberstufe oder Neigungsgruppen vorbehalten.

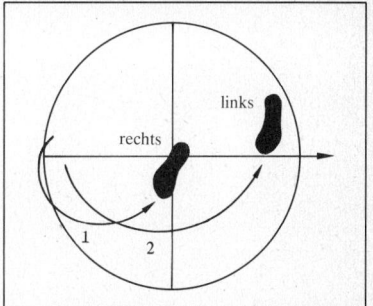

● Gerätewahl, Fassen des Diskus
Zu bevorzugen sind zunächst der leichte Frauen- und B-Jugend-Diskus mit einem Gewicht von 1 bzw. 1,5 Kilogramm. Das Gerät wird nicht festgehalten. Es ruht auf den Fingerkuppen, wird durch die Zentrifugalkraft dagegengedrückt.

- Gewöhnung an das Gerät: Die Eigenrotation als Voraussetzung einer stabilen Fluglage
- Den Diskus hochwerfen und dabei die Hand auf den Körper zu wegziehen, die Scheibe zur Vorwärtsrotation bringen, nicht auffangen (Foto links oben),
- den Diskus neben dem Fuß senkrecht aufsetzen und die Hand nach vorne-oben wegziehen (‹Kegeln›). Vorwärts-rotierend soll das Gerät mit Fahrt und vor allem geradlinig wegrollen (Foto links unten).

Organisationsform: Alle setzen ihren Diskus quer über den Platz in Bewegung, gehen ihm nach und beginnen etwa auf derselben Höhe erneut (sich in Gegenüberstellung zuzurollen ist möglich, aber etwas gefährlicher, da der Diskus bei Unaufmerksamkeit gegen den Knöchel schlagen kann; die Geräte in der Regel daher auch nicht stoppen)

- Wettkampfmöglichkeiten: vgl. Seite 124

- Intensiv Standwürfe üben

Hier wird an den Standstoß (vgl. Seite 156f) und Schleuderball-Standwurf (vgl. Seite 165f) angeknüpft. Die Bewegung ist bekannt, abgesehen vom Führen der Scheibe. Es gibt zwei Möglichkeiten:
Der Diskus liegt auf dem Handteller und wird am Ende der Ausholbewegung umgedreht, d. h., der Handrücken zeigt wieder nach oben, oder man führt von Beginn an das Gerät auf diese Weise zurück, unterstützt von der freien Hand. Dann folgen Bein-, Hüft- und Armeinsatz, wobei der Diskus nicht zu steil angestellt werden sollte; bei der Ausholbewegung den Arm daher eher nach hinten als nach unten führen. Während des Abwurfs drückt der Daumen auf die über den Zeigefinger wegrotierende Scheibe (Bildreihe auf dieser Seite; aus anderer Perspektive vgl. Seite 165. Auf die Sicherheit achten (vgl. Seite 138f)!
Solange der Standwurf – am Flugverhalten des Geräts deutlich zu erkennen – noch nicht beherrscht wird, ist es nicht angebracht, bereits das Andrehen einzuführen.

- Fehlerbilder und Korrekturen

Zu den beim Schleuderball-Drehwurf schon genannten Fehlerbildern (vgl. Seite 169) kommen lediglich noch zwei hinzu:

Fehlerbilder	Korrekturen
– Zu steiles Anstellen des Diskus	Gerät beim Auftakt zum Standwurf eher nach hinten als nach unten führen; beim Nach-vorne-Führen der Scheibe und im Augenblick des Abwurfs zeigt der Handrücken nach oben, der Daumen drückt auf das Gerät
– «Flattern» der Scheibe während des Fluges, keine Eigenrotation	Gewöhnungsvorübungen nochmals aufgreifen und intensiv üben (vgl. Seite 172)

Wettkampfideen

Sich erproben und vergleichen

Auch dann, wenn in der «Grundschule» neben dem gelegentlichen Zielwerfen das Stoßen und Werfen auf Weite im Vordergrund steht, können Wettkämpfe variantenreich sein:
- *Verbands-Wettkampf:* Von drei (sechs) Versuchen zählt der beste.
- *Serien-Wettkampf:* Die Ergebnisse z. B. von drei Würfen (Stößen) werden addiert. Entscheidend ist nicht der beste Versuch, sondern die Gesamtweite.
- *Vielseitigkeits-Wettkampf:* Alle mit dem rechten Arm (aus dem Angleiten, Anlaufen oder Andrehen) und mit dem linken Arm (aus dem Stand) erzielten Ergebnisse oder die jeweils besten Versuche werden zusammengezählt.
- *Differenz-Wettkampf:* Bewertet wird, wie nahe ein Schüler mit dem ‹schwachen› Arm (aus dem Stand) an die mit dem ‹starken› Arm (mit Vorbeschleunigung) erreichte Weite herankommt. Wer erzielt die geringste Differenz? Der Wettkampfgedanke darf hier nicht im voraus bekannt sein. Das Ergebnis ergibt sich am besten zusätzlich als Variante aus dem Vielseitigkeits-Wettkampf.
- *Rekord-Versuch:* Wer erreicht z. B. mit zwei Ballwürfen den Weltrekord (Deutschen Rekord) im Speerwerfen der Frauen, wer den der Männer?

- *Mann gegen Mann:* Zwei bis fünf Schüler werfen (stoßen) parallel im direkten Vergleich. Einer oder zwei kommen eine Runde weiter, die anderen haben über die ‹Trostrunde› nochmals eine Chance (vgl. modifiziert oder analog Seite 124).
- *Mannschafts-Wettkämpfe:* Beim Mannschafts-Überbietungsstoßen geht es z. B. um eine geschlossene Gruppenleistung und die zutreffende Einschätzung der jeweiligen Mitglieder untereinander. Jede Mannschaft erhält soviele Kugeln, wie sie Teilnehmer hat, aber mit unterschiedlichen Gewichten. Also z. B. bei Fünfer-Mannschaften: zweimal drei – einmal vier – einmal fünf – einmal sechseinviertel Kilogramm. Jedes Mannschaftsmitglied soll das für sich günstigste Gewicht unter dem Gesichtspunkt einer möglichst großen Gesamtweite der Mannschaft auswählen. Mit jeder Kugel darf nur einmal pro Durchgang gestoßen werden.
Die Mannschaftsleistung kommt durch die Addition der Einzelweiten zustande. Dabei gilt jedoch eine Einschränkung: Addiert zur Gesamtweite wird nur diejenige Leistung, mit der zumindest die Leistung des zuvor stoßenden Mannschaftsmitgliedes erreicht wird.
Es empfiehlt sich, das Kugelstoßfeld in Zonen von 50 Zentimeter einzuteilen und die Weite auch nur in diesen Zonenweiten (z. B. 10 Zonen = 5 m) zu ermitteln.
- *Wurf-Mehrkämpfe und Mannschafts-Mehrkämpfe*

Messen und Organisieren
Wird unmittelbar nach dem Wurf genau gemessen, so legt man den Nullpunkt des Maßbandes an dem Ende des vom Gerät hervorgerufenen Abdruckes an, das der Abwurf- bzw. Abstoßstelle, an der nicht übertreten werden darf, am nächsten liegt. Mit dem gespannten Bandmaß mißt man beim Kugelstoß und Diskuswurf stets über die *Kreismitte* (Abb. unten),

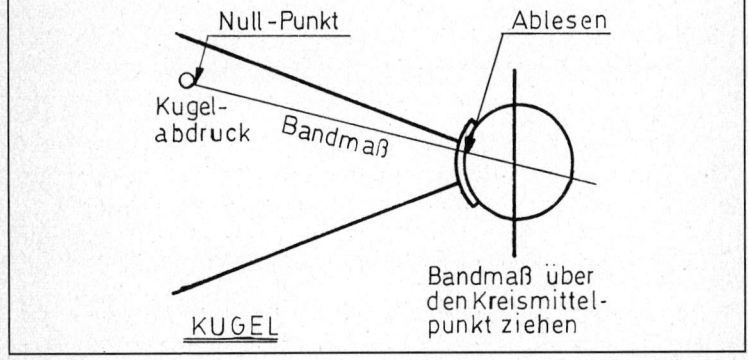

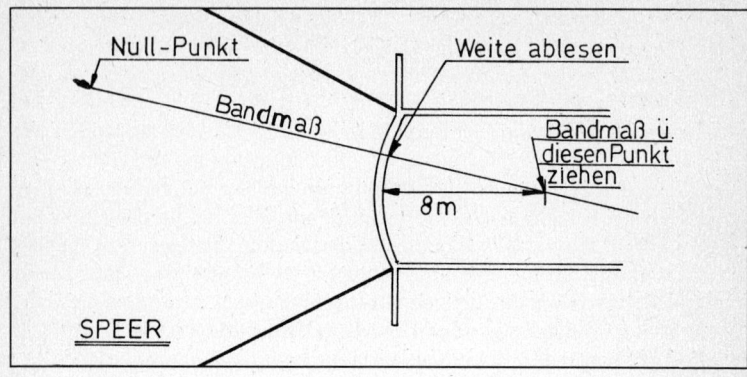

Speer- und Ballwurf über einen (in den meisten Stadien eingezeichneten) Punkt, der in der Mitte der Anlaufbahn und acht Meter von der Abwurflinie entfernt liegt (Abb. oben). Abgelesen wird die Leistung am inneren, d. h. der Wurfrichtung abgewandten Rand der Abwurfleiste bzw. des Diskusringes oder Stoßbalkens.

Nicht immer sollte jedoch mit Hilfe dieser zeitaufwendigen Verfahren gemessen werden. Beim Ballweitwurf der jüngeren Schüler steckt man in der Regel nur Metall- oder selbstgebastelte Papptafeln in die Erde (Abb. unten), die einen Abstand von jeweils fünf Metern haben (Hinweis: «Rechtwinklig zur Abwurflinie werfen, um nichts zu ‹verschenken›!»). Ein erfahrener Lehrer kann die dazwischen liegenden Weiten auf einen Meter genau ohne weiteres abschätzen. Stehen Zahlen auf den Tafeln, so empfiehlt es sich, diese weder im rechten Winkel noch parallel zur Wurfrichtung zu setzen, sondern schräg (45 Grad). So sind sie vom Lehrer und den Schülern zu

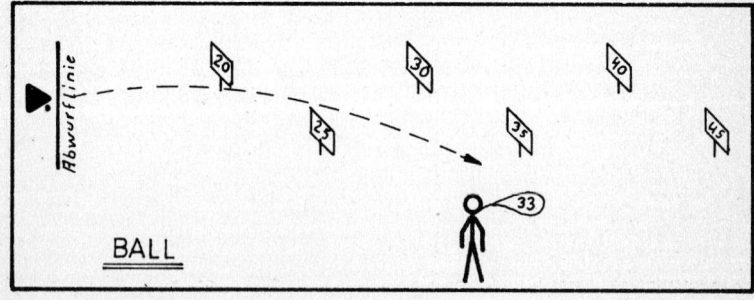

erkennen – von den zuletzt genannten noch besser, wenn sie leicht seitlich versetzt stehen. Bei Schulsportfesten setzen wir die Ablesemarken in einem Abstand von zwei Metern, und die Abwurfstelle sollte nicht auf dem Rasen liegen. Insbesondere morgens und bei schlechtem Wetter ist dieser feucht, erlaubt keinen richtigen Abwurf und kann Stürze und Verletzungen verursachen.

Wird mit dem Band genau gemessen, so muß dieses nicht unbedingt nach jedem einzelnen Wurf geschehen. Auch hier gibt es zeitsparende, insbesondere für Speer- und Diskus-Wettbewerbe geeignete Verfahren, die nur ein einmaliges Messen zum Schluß des Wettkampfes erfordern.

Ein Beispiel: Zehn Schüler(innen) werfen dreimal mit dem Speer nach den üblichen Regeln, also in drei Durchgängen und nicht direkt hintereinander. Der Lehrer (sonst niemand) steht mit Tafeln (Nummer 1 bis 15) an der Seite des Wurffeldes und steckt im ersten Durchgang für jeden Werfer eine solche an der Landestelle des Gerätes in die Erde. Ein Schüler, der gleichzeitig darauf achtet, daß nicht übergetreten wird, notiert sich nach Zuruf nur die Tafelnummern unter dem Namen des jeweils werfenden Schülers (Abb. unten). In den folgenden Durchgängen versetzt der Lehrer die alte oder steckt eine neue Tafel jeweils nur dann, wenn die bisherige Weite übertroffen wird. Haben alle Schüler ihre drei Durchgänge absolviert, können nun alle Weiten gemessen und notiert werden.

Name	Tafel(n)	Weite
Martin	1	32,10
Alex	2	38,73
Toni	3, 11	40,68 ; 41,08
Klaus	– 4	29,87
Oliver	5	35,16
⋮	⋮	⋮

Mehrkampf

In der Einleitung zu diesem Buch wurde auf die Bedeutung eines vielseitigen Angebots in der Schule hingewiesen (vgl. Seite 10f, 13f). Dieser Grundgedanke zog sich durch alle Kapitel.
Aus diesem Grund sollte gerade auch der Mehrkampf besonders gepflegt werden, verlangt er doch das vielseitigste persönliche Können. *Laufen, Springen und Werfen* kommen in ihm vor. Diese Aufgaben müssen im regulären Mehrkampf in einer festgelegten Reihenfolge an einem oder an zwei Tagen erfüllt werden. Über den Erfolg entscheidet eine Punktwertung.
Die anschließend beschriebenen Kriterien zur Konzeption von Mehrkämpfen zeigten allerdings, daß es neben den von den Verbänden festgelegten Vielseitigkeitsprüfungen oder den Bundesjugendspielen durchaus noch andere reizvolle Möglichkeiten der Mehrkampfzusammenstellung gibt.

Die Nähe zur klassischen Disziplin

Mehrkämpfe bestehen in der Regel aus den traditionellen Disziplinen und sind in ihrem Ablauf genau vorgeschrieben. Zwei Beispiele:
Schüler B: 75-m-Lauf, Weitsprung, Schlagballweitwurf;
Weibliche Jugend B: erster Tag: 100-m-Hürdenlauf, Kugelstoß, Hochsprung; zweiter Tag: Weitsprung, 800-m-Lauf.
Dieses hat seine berechtigten Gründe, doch sollten Vielseitigkeitsaufgaben auch bereits während der Stufe des Lauf-, Sprung- und Wurf-«ABC» und während der «Grundschule» aus den jeweiligen Inhalten gestellt werden.
Dazu einige Anregungen:
– 50-m-Lauf aus dem Hochstart
– Hochweitsprung von der Kastentreppe

- Zielwurf mit dem 80-g-Ball
- Hindernisparcours

- 60-m-Lauf über Langbank-Hürden
- Schersprung mit begrenzter Versuchsanzahl
- Standstoß mit dem kleinen Medizinball auf Weite
- Zielweitwurf mit dem 200-g-Ball
- 2000-m-Waldlauf mit Finden von drei Posten.
  (Auf die Bewertung wird später eingegangen.)

Dem Trend der außerschulischen Leichtathletik folgend, ist auch das Leichtathletikangebot für jüngere Altersstufen im Schulsport schmaler als bei älteren, weil sich angeblich bestimmte Bewegungsabläufe den psychophysischen und sensomotorischen Fähigkeiten der Schüler entziehen. Auf die Problematik dieser Einstellung wurde in der Einleitung schon hingewiesen. Um den Mehrkampf schon frühzeitig abwechslungsreich gestalten zu können, empfiehlt es sich daher nach unserer Ansicht, neben den von Schülern schon durchführbaren herkömmlichen Disziplinen auch Disziplinvorstufen aus «ABC» und «Grundschule» einzubauen. Ein Beispiel:
- 100-m-Lauf
- Weitsprung
- Kugelstoß aus dem Drei-Schritt-Rhythmus
- Stabweitsprung mit tiefem «Einstichkasten» in die Sandgrube
- 1000-m-Lauf.

Der Vielseitigkeitsgrad

Mehrkämpfe müssen nicht grundsätzlich aus den klassischen Blöcken des Laufens und Springens und Werfens bestehen. Die Anforderungen an die Vielseitigkeit lassen sich steigern, vom *Disziplin-Mehrkampf* bis zum übergreifenden *Block-Mehrkampf*.

Disziplin-Mehrkampf
- *Kombinations-Orientierungslauf* aus den Teilen Linien-, Stern- und Score-Orientierungslauf (zusammenhängend oder getrennt)
- *Stab-Mehrkampf* aus den Teilen Stabtiefsprung auf Weite, Rüberspringen auf Höhe, Stabweitsprung, Stabhochsprung
- *Wurf-Mehrkampf* aus den Teilen Werfen auf bewegliche und unbewegliche Ziele, Hochwerfen, kräftig werfen, weit werfen
- *Stoß-Mehrkampf* aus den Teilen Kugelstoß rechts, links, aus dem Stand, mit Angleiten.
- *Test-Mehrkampf* aus den Teilen Fünfer-hop links, Fünfer-hop rechts, Fünfer-hop l-r-l-r-l, Fünfer-hop beidbeinig

Interner Block-Mehrkampf
Hier bewegen wir uns nicht mehr im Rahmen einer einzelnen Disziplin, aber noch innerhalb eines Blockes (Laufen, Springen, Werfen/Stoßen):
- *Lauf-Mehrkampf:* 30-m-Lauf mit Tiefstart, 60-m-Hürdenlauf, 150-m-Lauf fliegend, 3000-m-Lauf
- *Sprung-Mehrkampf:* Weitsprung vom Balken, Dreisprung aus Zone, Hochsprung Technik A, Hochsprung Technik B, Stabweitsprung
- *Wurf- und Stoß-Mehrkampf:* Kugelstoß links, rechts aus dem Stand; Gummiring- oder -stabwurf mit Anlauf; Wurf aus dem Dreier-Rhythmus mit dem abgenommenen Speer; Schockwurf mit dem Schleuderball; Diskusrollen auf Weite.

Übergreifender Blöcke-Mehrkampf
Anspruchsvoller wird der Mehrkampf, wenn Disziplinen aus verschiedenen Blöcken vorgeschrieben sind, z. B.:
- 100-m-Lauf, Dreisprung, Hochsprung, Schleuderballwurf, 1500-m-Lauf

Auch hier können Disziplinvorstufen (vgl. Seite 12) oder Testübungen integriert werden, z. B.:
- Standweitsprung, 30-m-Lauf fliegend, Fünfer-Hop, Kugelschockwurf, Jump-and-Reach, 2000-m-Lauf.

Wahlmöglichkeiten

Ein Mehrkampf braucht inhaltlich nicht generell (wie bei den bisher genannten Beispielen) vorgegeben zu werden. Es kann auch die Bedingung genügen, aus jedem Block eine (Fünfkampf) oder zwei Disziplinen (Zehnkampf) frei zu wählen:

Block 1	Block 2	Block 3	Block 4	Block 5
50 m	60 m Hürden	800 m	Weitsprung	Kugelstoß
75 m	80 m Hürden	1000 m	Hochsprung	Speerwurf
100 m	100 m Hürden	3000 m	Dreisprung	Schlagballwurf
200 m	300 m Hürden		Stabhochsprung	Diskuswurf
				Schleuderballwurf

Dasselbe Prinzip läßt sich ohne weiteres auf die zahlreichen Formen des «ABC» anwenden.

Der Zeitrahmen

Eine Vielseitigkeitsprüfung kann auch über einen längeren Zeitraum hinweg abgelegt werden. So lassen sich z. B. die Leistungen in den oben gewählten Disziplinen innerhalb eines Schulhalbjahres erbringen.
Diese Art des sukzessiven Wettbewerbs, der konditionsschwächeren Schülern entgegenkommt, nennt man *Sammel-Mehrkampf*, den es – sich teilweise aus anderen Disziplinen zusammensetzend – seit einiger Zeit auch in der außerschulischen Leichtathletik gibt, um der zu frühen Spezialisierung von Nachwuchssportlern wenigstens etwas entgegenzuwirken.
In die andere Richtung geht der sogenannte *Blitz-Mehrkampf* – eine inoffizielle Variante des Zehnkampfes, die sich immer größerer Beliebtheit erfreut und eine Art ‹Mehrkampf unter Zeitdruck› darstellt. Dabei muß die letzte der zehn Disziplinen (die Versuchsanzahl in den technischen Disziplinen kann freiwillig unterschritten werden) vor Ablauf einer halben Stunde begonnen werden.
Dieses reizvolle Prinzip kann auf den Schulsport übertragen werden, wobei die Art der Disziplinen, ihre Anzahl und der zeitliche Rahmen natürlich zu variieren sind.
Aus organisatorischen Gründen ist es wichtig, daß jeder Mehrkämpfer einen Partner hat, der von Station zu Station mitgeht, teilweise sein Kampfrichter ist, die Ergebnisse in die Wettkämpfer-Karte einträgt und darauf achtet, daß die Zeitgrenze nicht überschritten wird. Anschließend wird gewechselt, d. h. jeweils die Hälfte der Klasse betätigt sich aktiv.

Bei einer bewährten Variante geht es nicht um die höchste Punktzahl innerhalb einer vorgegebenen Zeit, sondern um eine möglichst kurze Zeit bei zu erfüllenden Leistungsmindestanforderungen: Wer schafft die Bedingungen des Deutschen Sportabzeichens in der kürzesten Zeit? Leichtere Variante: Wer schafft es in einer Stunde?

Mannschafts-Mehrkämpfe

Besonders attraktiv sind Mannschafts-Mehrkämpfe:
- Jedes Mannschaftsmitglied tritt einmal an, aber jeder in einer anderen Disziplin.
- Jedes Mannschaftsmitglied absolviert einen ‹echten› Mehrkampf aus dem Bereich der bislang beschriebenen Möglichkeiten. Die Ergebnisse werden dann pro Mannschaft zusammengefaßt.

Wer in welcher Disziplin antritt, legt die Mannschaft in einer kurzen Besprechung fest, wird ausgelost, oder es wird vereinbart, daß jeder z. B. in einer seiner schwächeren Disziplinen antritt.

Der Wettkampfort

Mehrkämpfe sollen nicht nur auf das Stadion oder die Turnhalle beschränkt bleiben. Sie können auch im Gelände stattfinden.
Ein Beispiel:
- Bergaufsprint oder Heckenslalom-Sprint, Mehrfachsprung auf (nicht zu unebenem) natürlichen Untergrund, Rundhölzer stoßen oder Äste schleudern, Tannenzapfen oder Steine werfen, längere Cross-Strecke.

In einen Mehrkampf lassen sich auch die Übungen eines Trimmpfades gut integrieren.

Die Wertung

Wenn nicht gemessen werden kann, wie z. B. beim Zielwurf, oder wenn zwar das Maßband anwendbar ist, aber für diese Disziplin keine Punktewertung vorliegt, wie beim Stabweit- oder Hochweitsprung, führt man am besten die *Europacup-Wertung* ein:
Der Beste erhält jeweils so viele Punkte wie Schüler (Mannschaften) antreten, also z. B. der Sieger acht, der zweite sieben, der dritte sechs Punkte usw. Zum Schluß ist die Gesamtpunktzahl ausschlaggebend. Dieses Verfahren läßt sich auch als grundsätzliche Alternative zur Punktwertung ansehen und sollte ebenfalls ab und zu angewendet werden.

Anhang

Literaturhinweise

BAUERSFELD, K. W. / SCHRÖTER, G. (Hg.): Grundlagen der Leichtathletik. Berlin (DDR) 1979.
BERNHARD, G.: Didaktik zur Jugendleichtathletik. Schorndorf 1976.
DOMBROWSKI, O. / SCHENK, H.: Leichtathletik – Springen. Berlin 1982.
EISELEN, E. W. B.: Abbildungen von Turn-Übungen, gezeichnet von H. Robolsky und A. Töppe. Durchgesehen, vervollständigt und geordnet herausgegeben von E. W. B. Eiselen. Berlin 1845.
FREY, G.: Trainieren im Sport. In: GRUPE, O. (Hg.): Sport-Theorie in der gymnasialen Oberstufe, Bd. 2, Teil 1. Schorndorf 1981, 111–222.
FREY, G.: Training im Schulsport. Schorndorf 1981 a.
FREY, G.: Didaktische Aspekte der Schulleichtathletik. In: *sportunterricht* 33 (1984) 205–216.
GROSSER, M.: Die Zweckgymnastik des Leichtathleten. Schorndorf 1981.
HERBERT, F.: Hallenleichtathletik in Schule und Verein. Celle 1980.
HILDENBRANDT, E.: Grundlagen einer schulsportorientierten Trainingslehre. In: GRUPE, O. (Hg.): Einführung in die Theorie der Leibeserziehung und des Sports. Schorndorf 1980^5, 348–373.
HILLIG, W. / KRAUEL, H.-O.: Leichtathletik. Düsseldorf 1979.
JAHN, F.L./EISELEN E.: Die deutsche Turnkunst zur Einrichtung der Turnplätze. Berlin 1816.
JONATH, U. / HAAG, E. / KREMPEL, R.: Leichtathletik. 2 Bände. Reinbek bei Hamburg 1983^5, 1983^6.
JONATH, U. / KREMPEL, R.: Konditionstraining. Reinbek bei Hamburg 1984^3.
KIRSCH, A.: Jugendleichtathletik. Berlin/München/Frankfurt/M. 1977^5.
KOCH, K.: Methodische Übungsreihen in der Leichtathletik. Schorndorf 1976^7.
KOCH, K.: Laufen, Springen und Werfen in der Grundschule. Schorndorf 1979^5.
KRUBER, D.: Leichtathletik in der Halle. Schorndorf 1978^5.
KURZ, D.: Leichtathletik in der Schule. In: *sportpädagogik* 6 (1982), 2, 11–19.
LINDNER, E.: Sprung und Wurf. Schorndorf 1967.

SCHMOLINSKY, G. u. a.: Leichtathletik. Berlin (DDR) 1977[8].
SCHULZ, H.: Leichtathletik für Kinder bis zum 8. Lebensjahr. Celle 1974.
VOSS, J. / JONATH, U.: Der Lauf. Sport in der Primarstufe. Bd. 5. Frankfurt/M. 1975.

Bildquellennachweis

Fotos
Alle Fotos und Bildreihen, soweit sie im folgenden nicht eigens aufgeführt sind, stammen vom Institut für Sportwissenschaft der Universität Tübingen.
Eberhard Hildenbrandt: Seite 81, 87 unten, 93, 96
Wolfgang Temme: Seite 19, 21, 28, 55, 57, 65

Zeichnungen
Günter Frey: Seite 19, 37, 177
Alle übrigen Zeichnungen: Renate Schubert (nach Vorlagen der Autoren)

Über die Verfasser

Dr. Günter Frey, Jahrgang 1949, ist am Institut für Sportwissenschaft der Universität Tübingen neben seiner Tätigkeit im Bereich der Trainingswissenschaft Fachleiter der Leichtathletikausbildung.

Dr. Eberhard Hildenbrandt, Jahrgang 1933, ist Professor für Sportwissenschaft an der Universität Marburg.

Dr. Dietrich Kurz, Jahrgang 1942, ist Professor für Sportwissenschaft an der Universität Bielefeld.

Die Autoren waren und sind aktive Leichtathleten, Lehrer und Trainer; zwischen 1970 und 1975 haben sie in Tübingen gemeinsam das Fach Leichtathletik in der Sportlehrerausbildung betreut.

sportpädagogik

Zeitschrift für Sport-, Spiel- und Bewegungserziehung

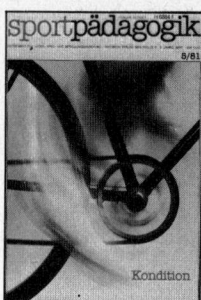

Sportunterricht hat sich verändert. Es sind neue Inhalte und Methoden hinzugekommen, Zielsetzungen haben sich verschoben.
sportpädagogik greift diese Veränderungen in Theorie und Praxis auf. Jedes Heft hat ein Schwerpunktthema, das sich an traditionellen wie auch an innovativen Bereichen des Sportunterrichts orientiert. Zu jedem Thema werden die pädagogischen Grundlagen und Perspektiven für die Umsetzung in die Praxis gegeben in Unterrichtsmodellen, Unterrichtsideen, Erfahrungsberichten, Reflexionen. Ziel ist die Vermittlung einer reflektierten Praxis von Sport und Spiel. Außerdem will **sportpädagogik** ein Forum sein für fachwissenschaftliche und fachpädagogische Diskussion, für Berichte, aktuelle Meldungen und Rezensionen.
Noch mehr Beispiele, Anregung, Tips zu Wettkämpfen, Sportfesten, Spielfesten?
In **sportpädagogik** finden Sie hierzu eine Fülle weiterer Hilfen für die Schulpraxis, in den bisher erschienenen Heften, aber auch in den nächsten Heften, z. B. in

Heft 1/1983 «Bewegungsspiele»
Heft 3/1983 «bewegen und darstellen»
Heft 4/1983 «Sportspiele»
Heft 6/1983 «Sport im Winter»
Heft 1/1984 «Mädchen und Jungen»
Heft 2/1984 «Olympia»

Und natürlich noch vieles andere mehr, was für Ihre Praxis hilfreich ist und Sport für Schüler noch interessanter machen kann.

Fordern Sie ein Probeexemplar an beim
Friedrich Verlag · Im Brande 15 · 3016 Seelze 6

Schulsport Praxis

Frankfurter Arbeitsgruppe
**Offener Sportunterricht –
analysieren und planen**
(7601)

Helmut Digel
Sport verstehen und gestalten
(7602)

Andreas H. Trebels (Hg.)
Spielen und Bewegen an Geräten
(7605)

Jürgen Funke (Hg.)
Sportunterricht als Körpererfahrung
(7608)

Dieter Brodtmann/Gerhard Landau (Hg.)
Wettkämpfe, Sportfeste, Spielfeste
(7610)

Dieter Brodtmann/
Andreas H. Trebels (Hg.)
Sport begreifen, erfahren und verändern
(7612)

Ulrich Joeres/Willibald Weichert
Schwimmen – Bewegen und Spielen im Wasser
(7614)

Herausgegeben
von
Dieter
Brodtmann
und
Knut
Dietrich

ro ro ro

C 2123/1

Arbeitsbücher Sport

Gunter A. Pilz (Hg.)
Sport und körperliche Gewalt
(7603)

Peter Becker (Hg.)
Sport und Sozialisation
(7604)

Michael Klein (Hg.)
Sport und Geschlecht
(7606)

Helmut Digel (Hg.)
Sport und Berichterstattung
(7611)

Elk Franke (Hg.)
Sport und Freizeit
(7613)

Michael Klein / Manfred Blödorn (Hg.)
Sport und Olympische Spiele
(7617)

Michael Klein (Hg.)
Sport und Körper
(7619)

Herausgegeben
von
Peter Becker,
Helmut Digel,
Elk Franke,
Michael Klein
und Gunter A.
Pilz

ro ro ro